essentials

essentials liefern aktuelles Wissen in konzentrierter Form. Die Essenz dessen, worauf es als „State-of-the-Art" in der gegenwärtigen Fachdiskussion oder in der Praxis ankommt. *essentials* informieren schnell, unkompliziert und verständlich

- als Einführung in ein aktuelles Thema aus Ihrem Fachgebiet
- als Einstieg in ein für Sie noch unbekanntes Themenfeld
- als Einblick, um zum Thema mitreden zu können

Die Bücher in elektronischer und gedruckter Form bringen das Expertenwissen von Springer-Fachautoren kompakt zur Darstellung. Sie sind besonders für die Nutzung als eBook auf Tablet-PCs, eBook-Readern und Smartphones geeignet. *essentials:* Wissensbausteine aus den Wirtschafts-, Sozial- und Geisteswissenschaften, aus Technik und Naturwissenschaften sowie aus Medizin, Psychologie und Gesundheitsberufen. Von renommierten Autoren aller Springer-Verlagsmarken.

Weitere Bände in der Reihe http://www.springer.com/series/13088

Thomas Kühn · Kay-Volker Koschel

Einführung in die Moderation von Gruppendiskussionen

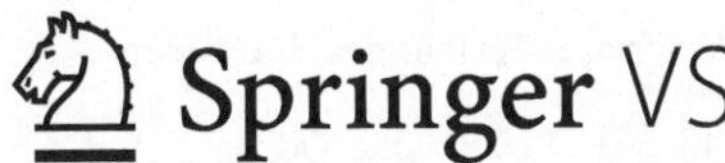 Springer VS

Thomas Kühn
International Psychoanalytic University
Berlin, Deutschland

Kay-Volker Koschel
Hamburg, Deutschland

ISSN 2197-6708
essentials
ISBN 978-3-658-22397-7
https://doi.org/10.1007/978-3-658-22398-4

ISSN 2197-6716   (electronic)

ISBN 978-3-658-22398-4   (eBook)

Die Deutsche Nationalbibliothek verzeichnet diese Publikation in der Deutschen Nationalbibliografie; detaillierte bibliografische Daten sind im Internet über http://dnb.d-nb.de abrufbar.

Was Sie in diesem *essential* finden können

- Eine Einführung in Theorie und Praxis der Moderation
- Grundlagen professioneller Moderation
- Übersicht relevanter Moderations- und Fragetechniken
- Tipps und Tricks für die Moderationspraxis

Inhaltsverzeichnis

Einführung

Der Mensch ist ein soziales Wesen. Ohne den Bezug auf Andere wäre er nicht überlebensfähig. Das Leben in Gruppen ist eine zentrale Säule des Alltags. In Gruppen gibt es nicht nur gemeinsame Rituale, in Gruppen tauscht man sich auch über verschiedene Aspekte des Lebens aus, man wägt gemeinsam ab und diskutiert.

Wenn in der Forschung nur der Einzelne in den Blick genommen würde, blieben diese im menschlichen Alltag ganz zentralen Prozesse außen vor. Deshalb bedarf es einer Methode, die Menschen die Möglichkeit gibt, in Gruppen zusammenzukommen und zu diskutieren: die Gruppendiskussion. Aus der Forschungsperspektive geht es dabei sowohl um die Inhalte, die in Gruppen zur Sprache kommen und entwickelt werden, als auch um die Beobachtung des Miteinander, d. h. der Dynamik in Gruppen.

Nun ist Gruppe ein Sammelbegriff für ganz unterschiedliche Phänomene. Von einer Gruppe kann man sowohl sprechen, wenn mehrere Tausend Fußballfans im Block Stimmung für ihren Verein machen, als auch wenn drei Leute an der Haltestelle zusammen auf den Bus warten. Für Forschungszwecke bedarf es einer deutlicheren Eingrenzung, bei der sichergestellt wird, dass alle Beteiligten zu Wort kommen können und Raum für eigene Beiträge haben. Deshalb finden Gruppendiskussionen in der Regel mit 4 bis 12 Teilnehmenden statt, die zusammen in einem Raum sitzen und miteinander diskutieren können.

Im Alltag ist es immer wieder zu beobachten, dass sich Diskussionen in Gruppen im Kreis bewegen oder aus dem Ruder laufen. Deshalb gibt es nicht nur bei Debatten im Fernsehen, sondern auch bei anderen Gelegenheiten mindestens eine Person, welche die Verantwortung übernimmt, steuernd auf den Diskussionsprozess einzuwirken. Diese Person sitzt mit im Raum, nimmt aber nicht an den thematischen Debatten mit eigenen Beiträgen teil, sondern übernimmt die

© Springer Fachmedien Wiesbaden GmbH, ein Teil von Springer Nature 2018
T. Kühn und K.-V. Koschel, *Einführung in die Moderation von Gruppendiskussionen*, essentials, https://doi.org/10.1007/978-3-658-22398-4_1

Moderation. **Der Begriff ‚Moderation'** stammt vom Lateinischen ‚moderatio'
ab, womit auf das rechte Maß verwiesen wird. In diesem Sinn bringt Josef W.
Seifert (2003, S. 75) den Prozess der Moderation mit der Aufgabe des Mäßigens
in Verbindung.

Kommen wir zu einer ersten Arbeitsdefinition: Die Gruppendiskussion ist ein
qualitatives Erhebungsverfahren, bei dem mehrere teilnehmende Personen gleichzeitig miteinander diskutieren und interagieren und mindestens eine Person
moderierend auf den Diskussionsverlauf einwirkt.

Für Gruppendiskussionen gibt es in der Markt- und Sozialforschung zahl-
reiche Anwendungsfelder. Im Kontext qualitativer Marktforschung zählen
Gruppendiskussionen schon seit Jahrzehnten zu den wichtigsten und am häu-
figsten angewandten Methoden, etwa wenn es um die Entwicklung von neuen
Angeboten und die Evaluation ihrer Resonanz bei bestimmten Zielgruppen geht.
Gruppendiskussionen können dabei sowohl in frühen Stadien wie z. B. bei der
Ideengenerierung oder der Verbesserung verschiedener Konzepte eingesetzt werden, als auch in späteren Phasen bei konkreten Produkttests, der Überprüfung von
Marketingkonzepten oder im Rahmen von Kundenzufriedenheitsanalysen. In diesem Sinne sind Gruppendiskussionen auch von zentraler Bedeutung für Ansätze,
die unter vergleichsweise neuen Oberbegriffen wie „Design Thinking" diskutiert
werden (z. B. Plattner et al. 2009, Seitz 2017).

Auch in der akademischen Sozialforschung sind Gruppendiskussionen wichtig, etwa um Standpunkte bestimmter sozialer Gruppen vor dem Hintergrund
einer geteilten kollektiven Identität zu verstehen oder um spezifische Formen der
Interaktion in bestimmten Gruppen zu beleuchten (vgl. ausführlicher Kühn und
Koschel 2013, 2015, 2018).

Bei der Terminologie sollte man jedoch aufpassen: Gruppendiskussionen
sind keine Gruppeninterviews! Denn bei einer Gruppendiskussion geht es nicht
um die parallele Befragung mehrerer Individuen. Im Blickpunkt steht vielmehr
die Gruppe als Ganzes. Zwar gibt es zwischen der Moderation einer Gruppendiskussion und dem Führen eines Einzelinterviews zahlreiche Gemeinsamkeiten:
Bei beiden Formen der qualitativen Forschung geht es um das **Verstehen von
Sinn-Konstruktionen.** Anschauliche Beschreibungen aus dem Alltag stehen bei
beiden im Mittelpunkt der Erhebung, die jeweils durch das **Prinzip der Offenheit** gekennzeichnet ist, das heißt die den Teilnehmenden Raum gibt, jenseits
einer klar eingrenzten Zahl und Reihenfolge von Fragen Stellung zu beziehen und
eigene Schwerpunkte zu setzen.

Es gibt aber einen gewichtigen Unterschied: Beim Interview wird eine Einzel-
person befragt, bei einer Gruppendiskussion dagegen die Gruppe. Daraus ergeben

sich bedeutende Anforderungen für das Auftreten eines Forschenden: Während es im Interview die Möglichkeit gibt, bei der Schilderung eines Befragten mehrmals nachzuhaken, um nach und nach immer mehr Details an die Oberfläche zu fördern, sollte sich ein Moderator oder eine Moderatorin in der Regel an die Gruppe als Ganzes und nicht an einzelne Teilnehmerinnen und Teilnehmer wenden. Bei Schilderungen einzelner darf natürlich nachgehakt werden, aber es sollte strikt vermieden werden, dass es zu einem Einzelgespräch zwischen dem Moderierenden und einem Teilnehmenden kommt, durch das der Rest der Gruppe zum Zuhören verdammt wird.

In einer gut laufenden Gruppendiskussion interagieren die Teilnehmenden miteinander von selbst, weil sie persönlich am Diskussionsgeschehen beteiligt sind. Das heißt aber nicht, dass Moderation kinderleicht ist und sich nur auf das Einwerfen von einigen grundlegenden Fragen, an denen sich die Gruppe im Folgenden abarbeitet, beschränkt. Im Gegenteil behaupten wir, **dass für das Gelingen einer Gruppendiskussion eine gute Moderation des Diskussions-prozesses von entscheidender Bedeutung ist.** Denn mit dem Geschehen in Gruppen sind zahlreiche Fallgruben und Herausforderungen für die Moderation verbunden. Um die eigenen Fähigkeiten als Moderator oder Moderatorin zu steigern, bedarf es deshalb einer Auseinandersetzung mit Gruppendynamik und Kommunikation.

Dazu möchten wir mit dem vorliegenden Band einen Beitrag leisten. Unsere Überzeugung besteht darin, dass es zunächst gilt, ein Grundverständnis vom ganzen Prozess der Moderation zu entwickeln, bevor man sich einzelnen Techniken zuwendet. In diesem Sinne wird es im kommenden Abschnitt um Grundzüge der Moderation gehen. Dafür unterscheiden wir drei zentrale Orientierungspunkte für die Moderation: Sie sollte als Prozessgestaltung (Abschn. 2.1), Balanceakt (Abschn. 2.2) und Aufbruch (Abschn. 2.3) verstanden werden. Um einen optimalen Verlauf einer Gruppendiskussion gewährleisten zu können, sind für die Moderierenden einige wesentliche Dinge zu beachten bzw. Verhaltensweisen zu vermeiden. Für eine gute Moderation bedarf es Kunstfertigkeiten bezüglich der Art des Fragens (Abschn. 3.1), des Umgangs mit der Dynamik in Gruppen (Abschn. 3.2) sowie des rechten Timings. Abschließend geben wir noch ein paar Praxis-Tipps zum Umgang mit Störungen und verschiedenen Teilnehmenden-Rollen sowie Ratschlägen für Einsteiger und Einsteigerinnen (Kap. 4).

Das hier vorliegende *essential* baut auf dem Praxis-Handbuch „Gruppendiskussionen" auf, das wir 2018 in der 2. Auflage veröffentlicht haben. Während es in dem Buch stärker um die Auseinandersetzung mit der Methode als Ganzes geht, rücken wir nun die Moderation von Gruppendiskussionen in den Vordergrund des Interesses. Beide Veröffentlichungen sind auf der Grundlage sowohl unserer theoretischen Expertise als Sozialpsychologe und Sozialwissenschaftler als auch auf der Grundlage der Reflexion von Praxis-Erfahrungen im Verlauf der letzten Jahrzehnte geschrieben. Im Sinne eines **Praxis-Leitfadens** liegt der Schwerpunkt der Darstellung nicht auf einer vollständigen Sichtung und Wiedergabe des akademischen Forschungsstands zu einzelnen Fragen, sondern in einer geschlossenen, komprimierten Darstellung, die fundierte Anknüpfungspunkte für die Praxis der Moderation aufzeigt.

Wir freuen uns für die weitere Entwicklung und Überarbeitung beider Werke über Rückmeldungen und Feedback von denjenigen, die sich mit unseren Ausführungen beschäftigt und sie in die Praxis überführt haben.

Grundzüge der Moderation

2

In diesem Abschnitt möchten wir Sie mit Grundzügen der Moderation vertraut machen. Dafür ist es zunächst entscheidend, sich zu vergegenwärtigen, wie facettenreich und komplex das Moderieren ist. Um dieser Komplexität gerecht zu werden, sollte man Moderation als Prozessgestaltung verstehen. Ganz im Sinne der bereits in der Einführung genannten ursprünglichen Bedeutung des Moderierens als „Mäßigen" ist das Finden des rechten Maßes entscheidend für gelingende Gruppendiskussionen. Wir werden verschiedene Spannungsfelder, die bei diesem Balanceakt im Auge zu behalten sind, aufzeigen und differenzieren. Schließlich begründen wir, warum Moderation Aufbruch bedeutet und im Rahmen von Gruppendiskussionen ganz besonders hochwertige Resonanzräume entstehen lässt.

2.1 Moderation als Prozessgestaltung: Präsent und aufmerksam sein

Die Rolle des Moderators: Neutral und reflektiert beteiligt – nicht um Unsichtbarkeit bemüht

Bei einer Gruppendiskussion geht es darum, dass die eingeladenen Teilnehmer und Teilnehmerinnen zu Wort kommen und miteinander diskutieren. Der Moderator oder die Moderatorin sollte diese Diskussion nicht durch die Darstellung eigener Positionen verzerren. Stattdessen ist in diesem Punkt Zurückhaltung angebracht. Dieses **Neutralitätsgebot** wird schnell falsch verstanden als Anforderung, im Prozess der Gruppendiskussion als Moderatorin oder Moderator möglichst unsichtbar zu ein, um eine alltagsnahe, selbstläufige Diskussion der eingeladenen Teilnehmerinnen und Teilnehmer zu fördern, die durch jedes Eingreifen

© Springer Fachmedien Wiesbaden GmbH, ein Teil von Springer Nature 2018
T. Kühn und K.-V. Koschel, *Einführung in die Moderation von Gruppendiskussionen*, essentials, https://doi.org/10.1007/978-3-658-22398-4_2

durch Moderierende gestört würde. Ein solches Verständnis beruht auf der Forschung mit standardisierten Methoden, bei der mit Fragebogen gearbeitet wird und jeder Einfluss des Fragestellenden zu einer Verzerrung der Ergebnisse führen würde.

Im Rahmen von Gruppendiskussionen ist dieses Verständnis aber nicht angebracht: Denn Moderatorinnen und Moderatoren sind im Raum und in der Gruppe anwesend – selbst wenn sie sich um Zurückhaltung bemühen. Auch Schweigen stellt in diesem Sinne ein Kommunikationsangebot dar, das von den Teilnehmenden an der Gruppendiskussion interpretiert wird und das im Zusammenhang damit steht, welches Auftreten sie von einem Moderator oder einer Moderatorin erwarten. Auch wenn sich Moderierende nicht zu Wort melden, sind sie physisch präsent und auch in der Imagination der Befragten Zuhörer und potenziell Eingreifende, sodass es keine ‚natürlichen' Beiträge jenseits der Moderatoren-Präsenz gibt.

Der Moderator oder die Moderatorin dürfen sich deshalb nicht als einen Störfaktor oder eine Randfigur im Geschehen der Gruppendiskussion betrachten. Eine derartige Fehleinschätzung der eigenen Rolle birgt die Gefahr, dass man während der Diskussion überaus vorsichtig agiert und Unsicherheit nach außen ausstrahlt. Als Moderierende/r sollte man nicht das Gefühl haben, sich entschuldigen oder gar schämen zu müssen, wenn man das Wort ergreift, weil man damit den vermeintlich ‚natürlichen' Diskussionsprozess der Gruppe stört. **Durch die Moderation ist man am Gruppengeschehen beteiligt** – es kann daher nicht darum gehen, seine Beteiligung zu negieren oder so gering wie möglich zu halten, sondern darum, zu einem bewussten und reflektierten Umgang mit ihr zu gelangen. Dabei darf Beteiligung nicht mit missionarischer Überzeugungsarbeit verwechselt, sondern sollte als Möglichkeit verstanden werden, das eigene Interesse zum Ausdruck zu bringen und als jemand aufzutreten, „der etwas erfahren und wissen will" (Leithäuser 1988, S. 212).

Statt sich am Leitbild der möglichst großen Unsichtbarkeit zu orientieren, halten wir es für wichtig, die eigene Rolle als moderierendes Gruppenmitglied möglichst reflexiv auszuüben.

In diesem Sinne sollte **Moderation als ein „Werkzeug zur Gestaltung von Beteiligung"** angesehen werden, das darauf angelegt ist „Begegnung und Miteinander zu ermöglichen" (Seifert 2003, S. 84).

Moderation als Prozessgestaltung geht über Gesprächsführung hinaus

Moderation sollte deshalb auch nicht mit Gesprächsleitung gleichgesetzt werden. Es geht nicht darum, Anmeldungen für Wortbeiträge zu registrieren und dann dafür zu sorgen, dass jede/r der Reihe nach drankommt, sondern um das Anregen, Gestalten und Steuern von Prozessen auf verschiedenen Ebenen. Mit Seifert (2003, S. 75 f.) kann Moderation in diesem Sinne als Prozessgestaltung definiert werden, bei der es um die Gestaltung von Kommunikationsprozessen und im engeren Sinne um die Gestaltung von Gruppengesprächen geht. Dafür bedarf es **„Prozesskompetenz"** (vgl. Sterling et al. 2007, S. 12).

Wir definieren Prozesskompetenz als die Fähigkeit, bei der Moderation aufmerksam und empathisch nach innen und außen zu sein. Insbesondere gilt es dafür, miteinander verwobene Prozesse auf der zeitlichen, thematischen und gruppendynamischen Ebene zu beachten und zu steuern:

- *Zeitliche Ebene:* Vorher vereinbarte Bedingungen des zeitlichen Rahmens sind einzuhalten. Wenn mehrere Themenbereiche diskutiert werden sollen, muss durch Steuerung von Prozessen dafür Sorge getragen werden, dass für alle Themen ausreichend Zeit zur Verfügung steht und keine hektische Atmosphäre durch den Moderator oder die Moderatorin verbreitet wird. Außerdem sollte bei der Steuerung des Prozesses auf die Reihenfolge der behandelten Themenbereiche geachtet werden, damit zum Beispiel nicht frühzeitig durch Mitglieder der Gruppe Tabu-Positionen definiert werden, welche die offene Diskussion spannungsreicher Aspekte im weiteren Verlauf unmöglich machen.
- *Thematische Ebene:* Fragen dürfen nicht nur andiskutiert werden, sondern sollten möglichst erschöpfend und aus verschiedenen Perspektiven beantwortet werden. Gruppen sollten Raum haben, eigene Themenbereiche einzubringen, die mit der Forschungsfrage verbunden sind. Gleichzeitig ist vom Moderator oder der Moderatorin darauf zu achten, dass der Bezug zur Forschungsfrage gewahrt bleibt und genügend Raum für die Diskussion verschiedener Themen besteht.
- *Gruppendynamische Ebene:* Der Moderierende trägt die Verantwortung für die Aufstellung und Einhaltung von Grundregeln, die es ermöglichen, in einer angstfreien und respektvollen Atmosphäre miteinander zu diskutieren. Der

Moderator oder die Moderatorin sollte sensibel dafür sein zu beobachten, ob alle Teilnehmenden wirklich beteiligt sind oder ob sich Einzelne aus der Diskussion ausgeklinkt haben. Moderierende sollten die Stimmung in der Gruppe wahrnehmen und diese den Teilnehmenden ggf. widerspiegeln. Bei einsetzender Konformität oder Polarisierung in Gruppen sollte der Moderator oder die Moderatorin in der Lage sein, eine neue Dynamik in Gang zu setzen, wenn es wünschenswert erscheint. Und schließlich trägt er oder sie die Verantwortung, dass die Diskussion in der Regel in einer nicht verbissenen, lockeren, gleichzeitig aber auch ernsthaften und nicht albernen Art und Weise verläuft. Gleichzeitig ist jeder Gruppe Raum zu geben, innerhalb des vorgegebenen Rahmens eigene Wege des Miteinander zu entwickeln, die in der Analyse Aufschluss über Wesenszüge der Gruppe ermöglichen.

Moderation als Teil eines Prozesses, der Vor- und Nachbereitung erfordert

Der Prozess der Moderation schließt an eine Vorbereitungsphase an und leitet in die nachbereitende Analyse über. Nicht nur während einer Gruppendiskussion haben Moderierende vielfältige Aufgaben, sondern auch schon vorher und nachher. Insofern ist die Moderation als solche Teil eines umfassenderen Prozesses, der hier deshalb kurz zusammenfassend skizziert werden soll.

Wir plädieren dafür, als Moderator oder Moderatorin **immer gut vorbereitet in Gruppendiskussionen zu gehen.** Dies steht nicht im Widerspruch dazu, im Laufe der Gruppendiskussion offen und neugierig aufzutreten, sondern ist im Gegenteil eine Grundlage dafür, den Teilnehmenden in ihren Äußerungen inhaltlich folgen und in der Moderation gut daran anschließen zu können. Durch die Vorbereitung kann auch vermieden werden, vermeintlich Neues zu entdecken, das aber längst bekannt ist.

Um gut vorbereitet zu sein, muss der Moderator oder die Moderatorin mit den Forschungsfragen (i. d. R. dokumentiert im Forschungs-/Kundenbriefing und im Gesprächsleitfaden) und den möglichen Stimulusmaterialien (Konzepte, Produkte, Werbung etc.) vertraut sein. Er sollte sich auch mit der Zielgruppe (z. B. Jugendlichen, Senioren, Handwerkern, Käufern einer bestimmten Marke etc.) beschäftigt haben, die im Rahmen der Gruppendiskussion zusammenkommt.

▶ **Praxis-Tipp:** Sehr hilfreich ist es, wenn man selbst im Vorfeld durch **teilnehmende Beobachtung im Forschungsfeld** Erfahrungen sammelt. Im Kontext der Marktforschung können dazu etwa im Sinne des Eintauchens in Erlebniswelten Besuche in Verkaufsstätten nützlich sein. Auch der Besuch von themenbezogenen Webseiten, Homepages und Social-Media-Angeboten (Stichwort: Social Listening) gehört zu einer guten Vorbereitung dazu.

Die Vorbereitung mündet nicht zuletzt in den **Leitfaden, der die Moderation stützt.** Mit der Rolle von Leitfäden und der Art und Weise der Leitfadenerstellung haben wir uns an anderer Stelle ausführlich auseinandergesetzt (Kühn und Koschel 2018), an dieser Stelle soll im Sinne des Hauptfokus auf die Moderation nur Wesentliches festgehalten werden: **Im Leitfaden wird Vorwissen gebündelt und für den Diskussionsprozess nutzbar gemacht.** Der Leitfaden darf aber keinesfalls als ein Korsett verstanden werden, das der Gruppe den Raum zur eigenen Entfaltung nimmt. Er ist eine Stütze, die für die Moderation als Orientierung genutzt werden kann, und durch die gleichzeitig sichergestellt wird, dass es einen Transfer zwischen dem gesammelten Vorwissen und den geschilderten Alltagserfahrungen der Teilnehmenden an Gruppendiskussionen gibt. Idealerweise ist der Moderator oder die Moderatorin daher in den Prozess der Leitfadenerstellung eingebunden. Auf jeden Fall ist es unbedingt notwendig, dass sich ein Moderator oder eine Moderatorin im Vorfeld ausführlich mit dem Leitfaden auseinandersetzt, dessen Struktur versteht und wesentliche Fragen verinnerlicht, ohne diese im Rahmen der Gruppendiskussion vom Papier ablesen zu müssen.

Ein wichtiger Punkt bei der Vorbereitung einer Moderation ist die **Gestaltung des Settings.** Es muss ein geeigneter Raum gefunden werden. Dies kann zum Beispiel ein Veranstaltungsraum an der Universität sein, der dafür reserviert wird, oder ein Raum in einem Teststudio. Damit am Tag der Gruppendiskussion alles reibungslos laufen kann, ist im Vorfeld zu klären, welche Ausstattung für die Gruppendiskussion vorhanden sein sollte (Testmaterial, Flipcharts, Papier, Stifte, Stellwände, TV, Computer, Tablets, Beamer etc.).

Am Tag der Gruppendiskussion sollte man als Moderator oder Moderatorin rechtzeitig vor Ort sein, um das Vorhandensein der gewünschten Ausstattung noch einmal zu überprüfen und ggf. ergänzen zu können. Auch die Sitzordnung sollte nicht dem Zufall überlassen, sondern im Vorfeld organisiert werden. Es empfiehlt sich dabei eine symmetrische Aufteilung, bei der sich alle anschauen können und nicht durch eine ungleiche Anordnung von Stühlen einzelne Teilgruppen geschaffen oder bevorzugt werden. Schließlich sollte auch Zeit eingeplant werden, um vor der Gruppendiskussion noch ein finales gemeinsames Briefing mit dem Forscher- und Kundenteam stattfinden zu lassen.

Durch die gute Vorbereitung macht der Moderator oder die Moderatorin einen professionellen, kompetenten und souveränen Eindruck, der sowohl Partnern und Kunden als auch den Teilnehmenden ein Gefühl von Sicherheit und Engagement vermittelt.

▶ **Praxis-Tipp für Einsteiger:** Im Gesprächsalltag sind wir es häufig nicht gewohnt öffnende Fragen zu stellen und die Antworten dann auch aufmerksam weiterzuverfolgen. Um eine für die Moderation richtige Fragetechnik zu entwickeln, trainiert man sich am besten einige öffnende Formulierungen an: „Beschreiben sie mal …", „Erzählen Sie mir von Ihren Empfindungen …", „Wie nehmen Sie das wahr?", „Was sind Ihre Gedanken zu …". Derartige Fragen gehören zum Repertoire und werden i. d. R. nicht im Leitfaden festgehalten.

Bei der Moderation sollte man immer auch schon an die folgende Phase der Analyse und Auswertung denken. Dafür ist es besonders wichtig, sich im Vorfeld mit der Forschungsfrage und dem Forschungsgegenstand auseinandergesetzt zu haben. Im Laufe des Moderationsprozesses sollte man sich die leitenden Fragen innerlich immer wieder vor Augen führen und prüfen, ob die Diskussionsbeiträge diesbezüglich aussagekräftig sind. Das heißt, dass man immer genau zuhören muss und nicht einfach nur im Vertrauen auf die Aufzeichnung der Diskussion sich auf die Gesprächsführung und das Stellen erzählgenerierender Fragen beschränken darf.

Im Laufe der Moderation sollte man sich nicht damit überfordern, alles festhalten zu wollen, was gesagt wurde. Stattdessen ist es ratsam, Gruppendiskussionen per Audio- und ggf. Videoaufnahme aufzeichnen zu lassen. Trotzdem kann man sich während der Diskussion Notizen machen, welche man für die weitere Auswertung als potenziell relevant erachtet.

Empfehlenswert ist es, sich **im Anschluss an die Gruppendiskussion** noch einmal hinzusetzen, um ein Postskript anzufertigen, in dem man aus der Erinnerung und anhand der Moderationsnotizen sowohl wichtige Erkenntnisse als auch beobachtete szenische Auffälligkeiten festhält, die möglicherweise bei der Auswertung von transkribierten Gesprächsprotokollen verloren gehen würden, aber für die Deutung des Gruppengeschehens von Bedeutung sind (vgl. ausführlicher Kühn und Koschel 2018).

2.2 Moderation als Balanceakt: Das Finden des rechten Maßes

Bereits in der Einleitung haben wir darauf verwiesen, dass der Begriff ‚Moderation' vom Lateinischen ‚moderatio' abstammt. Der Bedeutungskontext des lateinischen Wortes verdeutlicht sehr gut, dass es sich bei der Moderation um einen Balanceakt handelt, bei dem das rechte Maß gefunden werden muss. Denn

„moderatio" steht erstens für Mäßigung und Selbstbeherrschung. Das heißt, dass ein Moderator oder eine Moderatorin sich nicht selbst in den Vordergrund des Gruppengeschehens rücken sollte, sondern in der Lage sein muss, eigene Impulse zu kontrollieren. In diesem Sinne bedeutet „moderatio" zweitens auch Lenkung und Leitung. Drittens werden Spannungsfelder der Moderation darin deutlich, dass mit „moderatio" sowohl Milde und Schonung als auch Zügeln verbunden werden. Denn viertens geht es bei „moderatio" um das richtige Verhältnis, um die Konstruktion einer harmonischen Ausgewogenheit verschiedener Kräfte.

Moderieren können heißt also balancieren können. Dieser Balanceakt findet parallel auf verschiedenen Ebenen statt, die wir im Folgenden auf der Grundlage unserer Erfahrungen in und mit Moderation anhand von **sieben zentralen Spannungsfeldern** unterscheiden:

Spannungsfelder der Moderation
(1)   Zwischen Offenheit und Struktur
(2)   Zwischen Eingreifen und Laufenlassen
(3)   Zwischen Gleichbehandlung und Freiheit des Besonderen
(4)   Zwischen Wir und Ihr: Das Spiel mit der fluiden Zugehörigkeit zu Gruppen
(5)   Zwischen Widerspiegeln und Aushalten von Inkonsistenz und Ambivalenz
(6)   Zwischen Meta-Ebene und Themenzentrierung
(7)   Zwischen Ruhe und Bewegtheit

Das rechte Maß (1): Zwischen Offenheit und Struktur

Wir haben im vorangegangenen Abschnitt auf die Notwendigkeit einer guten Vorbereitung hingewiesen. Gruppendiskussionen bedürfen einer Struktur. Diese wird sowohl durch einen zeitlichen als auch einen thematischen Rahmen gesetzt, der den Teilnehmenden im Vorfeld eine Orientierung gibt, worum es geht und worauf sie sich einlassen. Struktur wird auch durch den Leitfaden geschaffen, in dem sich das Problemverständnis bündelt, und der in der Moderation eine Stütze zur Orientierung darstellt.

So wichtig Struktur ist, so groß ist auch die **Gefahr der Über-Strukturierung.** Denn das Ziel einer Gruppendiskussion besteht ja darin, das untersuchte Feld besser kennen zu lernen, Neues zu entdecken und Zusammenhänge zu verstehen, von denen man bisher nichts wusste. Dafür bedarf es Offenheit, die Bereitschaft sich einzulassen und treiben zu lassen. In unserem Buch zu

Gruppendiskussionen (Kühn und Koschel 2018) haben wir dies mit einem Bild ausgedrückt: Wenn man sich etwa bei der Moderation strikt an Formulierungen des Leitfadens hält und sich der Verlauf der Diskussion an der Reihenfolge von Fragen im Leitfaden orientiert, ist das in der Regel ein Zeichen dafür, dass man der Gruppe sozusagen die Luft zum Atmen abschneidet und das dynamische Potenzial von Gruppen zu wenig nutzt. Man nimmt sich selbst die Möglichkeit, sich von neuen Eindrücken inspirieren zu lassen und dadurch seinen Horizont zu erweitern. Am Ende der Diskussion wird man feststellen, dass man zwar ein gutes Zeitmanagement betrieben, aber auch nicht wirklich etwas Neues, Überraschendes zutage gefördert hat. Ein zu strukturiertes Vorgehen begrenzt daher das eigene Erkenntnispotenzial.

Für eine gute Moderation bedarf es deshalb einer **Verbindung aus zielgerichtetem Suchen und der Bereitschaft, sich treiben, überraschen und vom Reiz des Fremden ‚einfangen' zu lassen.**

Das rechte Maß (2): Zwischen Eingreifen und Laufenlassen

Dieser zweite Balanceakt steht in direkter Verbindung zum Spannungsfeld zwischen Struktur und Offenheit. Zur Struktur einer Gruppendiskussion gehört, dass bestimmte Grundregeln zum Setting dazugehören. So sollten sich Teilnehmende möglichst ausreden lassen und sich nicht persönlich angreifen oder entwerten. Der Moderator oder die Moderatorin hat die Möglichkeit und die Aufgabe, stimulierend und bremsend in die Diskussion einzugreifen, um die Einhaltung der Regeln sicherzustellen und für eine vertrauensvolle Atmosphäre zu sorgen. Im Sinne der Moderation als Prozessgestaltung ist es auch wichtig, dass er oder sie Übergänge zwischen Themenblöcken schafft, die Diskussion bestimmter Themen abbricht und Anregungen zur Erörterung weiterer Aspekte einbringt. Wenn der Moderator oder die Moderatorin dies nicht tut, wird ein Gefühl von Unsicherheit gefördert, weil die Praxis der Diskussion nicht dem im Vorfeld beschriebenen Setting als Orientierungsrahmen entspricht.

Gleichzeitig sollte sich der Moderator oder die Moderatorin bewusst sein, dass mit jeder Intervention die Selbstläufigkeit der Gruppe unterbrochen wird – und damit auch deren Selbstorganisation bezüglich der Rollenfindung. Gerade in der Beobachtung der Art und Weise, wie Gruppenmitglieder die Diskussion untereinander organisieren, besteht eine wichtige Quelle der Erkenntnis, um die Gruppe als solche zu verstehen. Deshalb sollte man **mit Bedacht intervenieren** und **die Gruppendiskussion nicht in ein Frage-Antwort-Schema pressen,** bei der die Gruppe schnell lernt, dass der Moderator oder die Moderation aktiv ist und die Fragen stellt, während die Gruppe eher abwartend und reaktiv ist und sich weitgehend auf das Geben von Antworten beschränkt. Vielmehr sollte man, auch wenn es viele Fragen gibt, der Gruppe immer Raum und Zeit zum Interagieren miteinander geben.

Das rechte Maß (3): Gleichbehandlung und Freiheit des Besonderen

Es geht bei der Moderation darum, mit zunächst fremden Menschen ins Gespräch zu kommen und Vertrauen zu gewinnen. Über das Einbrechen von Barrieren und Alltags-Tabus entsteht eine zunehmend intime Beziehung. Dinge, die im Alltag normalerweise nicht thematisiert werden, kommen mehr und mehr zur Sprache. Moderation beruht auf der humanistischen Grundüberzeugung, „dass alle Menschen unterschiedlich, aber gleich viel wert sind" (Seifert 2003, S. 84). Dementsprechend sollte ein Moderator oder eine Moderatorin nicht Partei ergreifen, sondern sich um das **Vermitteln und Zusammenführen von Beiträgen** bemühen. Es geht um **die Förderung eines produktiven und konstruktiven Austausches** der Teilnehmenden – und nicht um die Bewertung oder Abstufung von Teilnehmenden hinsichtlich der Qualität ihrer Beiträge.

Dementsprechend sollten in einer Gruppe keine Teilnehmenden bevorzugt oder benachteiligt werden. Alle sollten Raum bekommen, sich zu Wort zu melden. Dies sicherzustellen gehört zu den Aufgaben der Moderation. Allerdings sind damit in der Praxis zwei Missverständnisse verbunden: erstens treffen wir immer wieder bei Kunden und Beobachtern auf die Idealvorstellung, dass eine Gruppendiskussion nur dann gut verläuft, wenn alle Teilnehmenden am Ende etwa gleich viel geredet haben. Dieses Bild gleicht einer Debatte von Politikern, bei der mit einer Stoppuhr darauf geachtet wird, dass allen etwa gleich viel Redeanteil zur Verfügung steht. So sollte eine Gruppendiskussion nicht verlaufen. Zu manchen Themen haben manche Teilnehmenden mehr zu sagen als andere. Und außerdem gibt es Unterschiede zwischen den Teilnehmenden: einige halten sich gerne erst zurück, bevor sie reden, einige übernehmen gerne als erste die Initiative. Solche **individuellen Unterschiede sollten in der Moderation respektiert werden,** solange sie den Prozess der Diskussion nicht stören. Denn es geht nicht um einen Wettbewerb der Teilnehmenden.

Und damit kommen wir schon zum zweiten Missverständnis: die Verantwortung dafür, inwiefern **besondere Formen der Partizipation wie Schweigen und Vielreden** zugelassen werden, wird häufig sehr einseitig dem Moderierenden zugewiesen. Der Moderator oder die Moderatorin wird in diesem

Kontext dafür kritisiert, es zugelassen zu haben, dass die Gruppe von ein oder zwei Teilnehmenden „dominiert" wurde oder dass sich mehrere Teilnehmenden aus dem Diskussionsverlauf ausgeklinkt haben. Wichtig ist aber, sich vor Augen zu führen, dass die Art und Weise, wie eine Gruppe die Rollen untereinander aufteilt und welche Formen der Interaktion sie zulässt, szenische Erkenntnisse über die Gruppe zulässt. Es geht deshalb eher darum, zu verstehen, warum es im Diskussionsverlauf dazu gekommen ist, dass etwa zu einer derartigen Polarisierung in der Gruppe gekommen ist, ehe eine Intervention des Moderators oder der Moderatorin gefordert ist. Kurz gesagt: Bevor Moderierende die Eigendynamik einer Gruppe plattmachen, indem sie bestimmen, wer wann etwas sagen sollte und wann nicht, sollten sie versuchen zu verstehen, was dazu führt, dass jemand ganz aufgeregt oder sehr in sich gekehrt ist. Dann kann es durchaus sinnvoll sein, Zurückgezogenen Brücken zurück in die Diskussion zu bauen oder dem Vielredner diplomatisch deutlich zu machen, dass Andere nun auch mehr zu Wort kommen sollten (siehe Kap. 3 und 4).

Es bedarf also einer Balance von Fragen, die sich an alle richten, und einem Verständnis der für jede Gruppe eigenen Dynamik und der individuellen Eigenheiten der Teilnehmenden. Diese Balance betrifft auch das Nachhaken bei Beiträgen: Anders als im Interview kann man nicht bei jedem Beitrag eines Teilnehmenden mehrfach nachfragen, um mehr biografische Details ans Licht zu fördern, weil dann die anderen Teilnehmenden aus der Diskussion ausgeschlossen werden. Es geht eher darum, möglichst früh den Raum für andere zu öffnen, die an den Wortbeitrag mit eigenen Erfahrungen und Reflexionen anknüpfen können.

Das rechte Maß (4): Zwischen Wir und Ihr: Das Spiel mit der fluiden Zugehörigkeit zu Gruppen

Wenn wir Menschen zu einer Diskussionsrunde einladen, sprechen wir sie als Mitglieder einer bestimmten Gruppe an, also zum Beispiel als Angehörige einer Organisation, Anhänger einer bestimmten Partei, Nutzer einer Marke oder Begeisterte für ein und dasselbe Hobby. Menschen sind aber immer zugleich Mitglieder nicht nur einer, sondern mehrerer Gruppen. So mag es in der Gruppe der Gartenzwergsammler eine Gruppe männlicher und eine weiblicher Teilnehmender geben, ebenso eine Gruppe eher älterer und eine jüngerer Befragter oder eine Gruppe von Befragten, welche sich für Fußball begeistern und eine, die diesem Sport nichts abgewinnen kann. Vielleicht stellt sich in der Gruppendiskussion auch raus, dass zufällig drei der Befragten einen Vater mit demselben Beruf haben oder sich die Gruppe in Veganer und Liebhaber gegrillten Fleisches teilen ließe.

Was wir damit zum Ausdruck bringen wollen: Man kann im Vorfeld auch bei sorgfältiger Auswahl der Teilnehmenden nicht vorbestimmen, dass sich die Befragten im Diskussionsverlauf notwendigerweise immer als Mitglied der Gruppe verstehen, als die sie von außen gesehen werden. Wenn es für die Diskussion aber wichtig ist, dass gerade diese Perspektive eingenommen wird, ist es die Aufgabe des Moderierenden, ein diesbezügliches **Wir-Gefühl zu fördern,** etwa indem er die Teilnehmenden als Gruppe anspricht, also z. B. „Wie ist es für Sie als Gartenzwergsammler/Anhänger von Werder Bremen …?".

Gleichzeitig kann der Moderator oder die Moderatorin mit der fluiden Gruppenperspektive auch spielen, indem er bewusst eine Teilgruppe anspricht, also z. B. zunächst die „älteren" und dann die „jüngeren" Befragten bittet, ihre Sicht zu schildern. Insbesondere wenn es darum geht, unterschiedliche Standpunkte zu einem Thema zu erheben, ist dies förderlich. Aus der Sozialpsychologie ist bekannt, dass gruppendynamische Prozesse dazu führen können, dass sich Gruppen auf einen einzigen gemeinsamen Standpunkt einigen und Diskussionen in der Folge zunehmend durch **Konformitätsdruck** geprägt sind. Dabei geht die Vielfalt unterschiedlicher individueller Perspektiven verloren. Wenn dem vorgebeugt werden soll, ist die frühzeitige Ansprache von verschiedenen Teilgruppen ratsam.

Der Moderator oder die Moderatorin kann immer auch einzelne Personen ansprechen und damit die Wir-Bindung schwächen. Wichtig ist, dass sich Moderatorinnen und Moderatoren bewusst sind, dass die Teilnehmenden zueinander zwischen einem gemeinsamen „wir" und einem abgrenzenden „ihr" stehen und dass er in der Ansprache um die rechte Balance bemüht ist.

Das rechte Maß (5): Zwischen Widerspiegeln und Aushalten von Inkonsistenz und Ambivalenz

Menschen sind keine Informations-Container. Als Moderierende können wir nicht auf einen Knopf drücken, in der Hoffnung dann die „richtigen" zur jeweiligen Frage passenden Antworten aus dem Gehirn ausgeschüttet zu bekommen. Wie Menschen Sachverhalte, Überzeugungen und Eindrücke beschreiben, ist zwar nicht beliebig, aber immer **kontextuell eingebunden.** Wenn wir zum Beispiel mit deutschen Staatsbürgern über die Bedeutung der Nationalität im Alltag diskutieren, erhalten wir andere Antworten, wenn wir vorher eine halbe Stunde über das Nazi-Regime und den zweiten Weltkrieg oder über die Fußball-Weltmeisterschaften 2006 und 2014 diskutiert haben.

In Gruppendiskussionen kommt es immer wieder vor, dass wir als Moderierende feststellen, dass ein Teilnehmer oder eine Teilnehmerin ein paar Minuten später das genaue Gegenteil von dem behauptet, was er oder sie vorher gesagt hat. Gleichzeitig wird beide Male die Meinung mit Vehemenz vertreten, ohne dass der Hauch eines Zweifels oder der Reflexion eines möglichen Widerspruchs deutlich wird. So sehr das für den Moderator oder die Moderatorin irritierend sein mag, so wichtig ist es, sich vor Augen zu führen, dass es sich dabei in der Regel nicht um eine Lüge oder um einen Ausdruck geistiger Minderbemitteltheit handelt, sondern um ein ganz normales und alltägliches Phänomen. Schon das Sprichwort sagt, dass ein Glas halb voll und halb leer sein kann – und aus Forschungsperspektive ist es spannend zu untersuchen, in welchen Kontexten das Glas als halb leer und wann als halb voll beschrieben wird. Das heißt, dass man als Moderierender sich davor hüten sollte, Teilnehmende zu einer Entscheidung zu drängen, welche von ihren Antworten denn nun die „richtige" gewesen sei und Bestand habe.

Im Sinne der Prozessorientierung besteht gleichzeitig aber in der Moderation Spielraum dafür, den Teilnehmenden widerzuspiegeln, wie man als Moderator oder Moderatorin ihre Sicht auf ein Thema verstanden hat. Das bedeutet, dass man auch auf Widersprüche und Ungereimtheiten hinweisen kann, um den Teilnehmerinnen und Teilnehmern die Möglichkeit zu geben, ihre Sichtweise noch deutlicher zu machen. Die Teilnehmenden an einer Gruppendiskussion werden in diesem Sinne als „Experten ihrer Orientierungen und Handlungen" ernst genommen (Witzel 2000, S. 12). Bei derartigen Rückspiegelungen sollte immer die Stellung im Prozess der Diskussion berücksichtigt werden. Je weiter die Diskussion vorangeschritten ist und je facettenreicher die Teilnehmer ihren Bezug auf ein Thema bereits dargestellt haben, desto eher ist ein derartiges Vorgehen gerechtfertigt. Fasst man aber in der Moderation zu früh Aussagen aus der Gruppe zusammen, unterbricht man den laufenden Prozess der thematischen Annäherung. Es besteht die Gefahr, dass man die Diskussion suggestiv in eine bestimmte Richtung drängt. Insbesondere im letzten Teil der Gruppendiskussion sind deshalb derartige Zusammenfassungen sinnvoll. Man gibt dann den Teilnehmenden, nachdem sie von sich aus mehrfach das Glas als halb leer und als halb voll geschildert haben, die Möglichkeit darüber zu reflektieren, wann und warum sie es in den unterschiedlichen Formen erleben. Auf keinen Fall sollten die Zusammenfassungen des Moderators oder der Moderatorin so formuliert sein, dass die Teilnehmenden sich unter **Rechtfertigungsdruck** gesetzt fühlen. Es darf nicht darum gehen, sie zu korrigieren oder sie mit Hinweis auf anscheinend widersprüchliche Aussagen zu zurechtzuweisen, sondern sie ernst zu nehmen und ihnen prinzipiell die Fähigkeit zuzugestehen, die eigene von außen beobachtete Praxis reflektieren zu können.

Das rechte Maß (6): Zwischen Meta-Ebene und Themenzentrierung

Im Zentrum von Gruppendiskussionen steht der Themenbezug. Es geht darum, verschiedene mit einem Thema verbundene Erfahrungen und Standpunkte zusammen zu führen und dadurch Zusammenhänge sowie den Facettenreichtum von Phänomenen zu verstehen.

Dabei wird ein Moderator oder eine Moderatorin feststellen, **dass Gruppen sich einem Thema in unterschiedlicher Art und Weise nähern** – und häufig anders als man das eigentlich erwartet oder sich gewünscht hätte. Auch als Moderator oder Moderatorin ist man kein Informations-Container, sondern ein Mensch. Das bedeutet, dass der Gruppenprozess nicht unbeteiligt beobachtet wird, sondern Gefühle in uns auslöst. So stellen wir zum Beispiel fest, dass uns manche Teilnehmende in ihrer Art zunehmend nerven, wir sind ganz fasziniert von anderen oder machen uns Sorgen, ob sich ein andere oder ein anderer überhaupt noch mal aktiv in die Runde einbringen wird. Wir haben den Eindruck, dass wir der Gruppe alles aus der Nase ziehen müssen und die ganze Runde für alle eigentlich ziemlich langweilig ist oder aber, dass alle förmlich übersprudeln mit ihren Beiträgen, und wir uns fragen, ob wir überhaupt noch gebraucht werden. Oder wir schweifen plötzlich selbst mit unseren Gedanken ab, wünschten uns, Jury-Chef in einer Casting-Show zu sein und den Teilnehmenden vorne zur rechten bitte nicht mehr in die nächste Runde zu lassen.

All dies könnte man – sowohl in der Gruppendiskussion als auch in diesem Buch – totschweigen und so tun, als würde dies nicht zu einem professionellen Moderationsprozess gehören. Es ist aber da, und deshalb ist es im Gegenteil äußerst unprofessionell, derartige Eindrücke einfach auszuklammern. Es handelt sich dabei auch nicht um einfache Störfaktoren, sondern um eine szenisch begründete Erkenntnis, die wir für unsere Moderation nutzen sollten. Denn das, was wir fühlen, ist nicht zufällig, sondern steht im Zusammenhang mit dem Gruppengeschehen. Wir haben als empathische Menschen einen feinen Riecher dafür, was vorgeht. In der analytischen Psychologietradition wird diesem Phänomen unter den Oberbegriffen **Übertragung und Gegenübertragung** große Aufmerksamkeit geschenkt (z. B. Leithäuser und Volmerg 1988). Ohne an dieser Stelle im Detail darauf eingehen zu können, ist es wichtig für alle Moderatorinnen und Moderatoren festzuhalten: Wir sollten in der Moderation einen guten Draht zu unserem Innenleben behalten und unsere Wahrnehmungen sowie Gefühle ernst nehmen.

Es kann sich anbieten, der Gruppe die eigenen Eindrücke widerzuspiegeln, um dadurch die Diskussion zu vertiefen. Dies darf als Moderator oder als Moderatorin natürlich nicht ungefiltert erfolgen. **Eine Gruppendiskussion ist keine Gruppentherapie.** Es geht nicht darum, unbewusste Persönlichkeitsanteile aufzudecken, und die Zeit, um sich persönlichen Lebensschicksalen in ihrem Facettenreichtum zu widmen, ist nicht gegeben. Es geht also nicht darum, einzelne Teilnehmenden dafür zu sensibilisieren, wie man ihr Auftreten in der Gruppe wahrnimmt, sondern darum, **die Themenzentrierung der Gruppe zu fördern,** indem man eine wahrgenommene Störung anspricht und dafür sorgt, dass sozusagen die Luft gereinigt wird, indem Unbehagen zum Ausdruck gebracht werden kann. Das Gespräch darüber, wie miteinander diskutiert wird, kann auch sehr motivierend für diejenigen wirken, die sich bisher eher zurückgehalten haben.

Aufmerksamkeit sollte z. B. darauf gerichtet werden, wann viele etwas sagen wollen und es sozusagen hoch hergeht, und wann die Gruppe eher wortkarg ist. Auch der Wechsel zwischen kontroversen und harmonischen Phasen sollte aufmerksam verfolgt werden und kann angesprochen werden. Wenn die Gruppe durch den Moderierenden darauf aufmerksam gemacht wird, dass entweder alles immer madig gemacht wird oder dass umgekehrt überhaupt kein Widerspruch geduldet wird, kann dies in der Folge zu differenzierteren Antworten führen, weil durch die Intervention des Moderierenden eine sehr strenge von der Gruppe implizit entwickelte Norm, was gesagt werden darf und was nicht, verändert wurde.

In der Moderation sollte immer abgewogen werden, ob der Wechsel von der thematischen auf die Meta-Ebene möglicherweise einen laufenden Abwägungsprozess in der Gruppe unterbrechen könnte.

Das rechte Maß (7): Zwischen Ruhe und Bewegtheit

Die Diskussion sollte ihren Nährboden in einer ungezwungenen, vertraulichen Gesprächsatmosphäre haben, auf die der Moderator oder die Moderatorin hinarbeiten muss, ohne die Teilnehmenden an der Gruppendiskussion zu bedrängen oder ein Gefühl von Hektik zu vermitteln. Dafür sollte der Moderator oder die Moderatorin nach außen ruhig und gelassen wirken, nach innen aber stets in Bewegung sein und sich dabei verschiedene Ebenen vergegenwärtigen, wie die Diskussion bisher verlaufen ist, welche thematischen Aspekte bereits diskutiert wurden und wie die Gruppendynamik verlaufen ist. Er oder sie muss den jeweiligen Beiträgen aufmerksam zuhören und dabei gleichzeitig **Mimik und Körperhaltung** der anderen Teilnehmenden beobachten. Er oder sie sollte, wie wir es oben beschrieben haben, immer wieder auch reflektieren, wie es einem selbst in der Diskussion geht und was das wohl zu bedeuten hat. Gleichzeitig sollte ein Moderator oder eine Moderatorin immer wieder verschiedene Entwürfe im Kopf haben, wie es weitergehen könnte, was auf keinen Fall passieren darf und was auf jeden Fall geschehen sollte:

„Successful moderators think about what has already been discussed, what is currently being said, and what still needs to be covered" (Krueger und Casey 2009, S. 91).

Diese innere Balance zwischen Ruhe und Bewegtheit gilt auch für die äußere Atmosphäre, welche für eine Gruppendiskussion angestrebt werden sollte. Wenn man als Moderator oder Moderatorin zu streng auftritt, droht eine geradezu friedhöflich ruhige Stimmung, in der sich die Teilnehmenden ernsthaft bemühen, aber keine/r sich traut, ein falsches Wort zu sagen, geschweige denn einen Witz zu reißen. Dies ist für alle Beteiligten anstrengend und nicht der beste Nährboden für die Herausarbeitung verschiedener Facetten oder die Entwicklung von Ideen. Wenn man aber als Moderator oder Moderatorin zu sehr die Rolle eines Entertainers einnimmt, droht auf der anderen Seite die Gefahr, dass eine Diskussion aus dem Ruder läuft, indem die Tiefe der Diskussion zunehmend darunter leidet, dass von den Teilnehmenden alles verulkt wird und die Annäherung an ein Thema mehr und mehr unter einem stillen Wettbewerb um den unterhaltsamsten Beitrag leidet. Hier als Moderator oder Moderatorin die richtige Balance zu finden, hängt nicht nur von der eigenen Person ab, sondern auch vom Thema, denn eine Diskussion zum Thema Bierkonsum verläuft in der Regel anders als eine zum Thema Dressurreiten (Dammer und Szymkowiak 2015). Wichtig ist, dass man als Moderatorin oder Moderator ein Gespür für die Atmosphäre entwickelt und auch für deren Gestaltung Verantwortung übernimmt.

2.3 Moderation als Aufbruch: Gruppendiskussionen fördern Resonanz

Die Moderation selbst weist in vielerlei Hinsicht Ähnlichkeiten mit einer **Entdeckungs- oder Urlaubsreise** auf: Man bricht auf, um seinen Horizont zu erweitern und Neues zu entdecken.

Anders als im Alltag, in dem man sich im Sinne effizienten Arbeitens vor Reizüberflutung abschotten muss, ist die Aufmerksamkeit geradezu darauf gerichtet, neue Eindrücke zu sammeln und diese mit allen Sinnen zu begreifen. Genau diese Grundhaltung kennzeichnet auch einen Moderator oder eine Moderatorin: Er oder sie schaut genau hin, wie die Teilnehmenden an einer Gruppendiskussion miteinander interagieren und worüber sie sprechen. Dabei wird scheinbar

Selbstverständliches genau so hinterfragt, wie Reisende versuchen, den Alltag der Einheimischen in der Region zu verstehen, die sie erkunden.

Auch für die eingeladenen Teilnehmerinnen und Teilnehmer bedeutet die Gruppendiskussion ein Austreten aus dem Alltag und die Gelegenheit, im geschützten Rahmen die eigene Praxis zu reflektieren. Mit Gruppendiskussionen werden besondere Ausdrucks- und Reflexionsräume geschaffen. Denn während der Alltag häufig durch überbordende To-Do-Listen und den Druck, möglichst viel in kurzer Zeit zu erledigen geprägt ist und daher routinisiertes Handeln erfordert, schaffen Gruppendiskussionen eine Möglichkeit, um sich in Ruhe einem Thema zu widmen und aus der Routine herauszutreten. Wenn es gut läuft, ist man mit mehreren Menschen zusammen, die ähnliche Bezüge zum Thema haben und interessiert zuhören. Außerdem gibt es einen Moderator oder eine Moderatorin mit Prozesskompetenz, sodass man sich in Gruppendiskussionen Aspekten gewahr werden kann, die man vorher nicht so scharf hätte auf den Punkt bringen können. In diesem Sinne fördern Gruppendiskussionen das **Erleben von Resonanz:** Man stößt mit dem selbst im Raum der Gruppendiskussion Ausgedrückten auf einen Widerhall, der eine eigene Dynamik von (Selbst-)Reflexion in Gang setzt.

Für den Moderator oder die Moderatorin bedeutet diese Erkenntnis eine hohe Verantwortung, denn es ist immer wieder zu beobachten, dass die Gruppendiskussion bei den Teilnehmenden etwas auslöst und sie nicht unverändert aus dem Raum hinausgehen lässt. Es darf deshalb keinesfalls darum gehen, Teilnehmende mit durchdachten Methoden dazu zu verführen, Dinge preiszugeben, die ihnen im Nachhinein unangenehm sein könnten oder sie gar vor anderen bloßstellen. Stattdessen gilt es, den Teilnehmerinnen und Teilnehmern an der Gruppendiskussion konsequent und dauerhaft Respekt entgegen zu bringen: Dies heißt auch, dass die Teilnehmende über den Zweck der Studie aufgeklärt werden und versprochene Grundregeln der Vertraulichkeit eingehalten werden müssen.

Moderation vermittelt den Zugang zu fremden sozialen Lebens-Welten. Für ein paar Stunden können wir in die Welt der Gartenzwergsammler, Komödienstadlbegeisterten und Spoilerkäufer eintauchen. Wir erhalten Einblicke in Teilbereiche unserer modernen Alltagswelt, die uns sonst verborgen bleiben. Wir kommen mit Menschen ins Gespräch, die abseits von unseren gewohnten Zirkeln von Bekannten leben. Wir bekommen spannende Inneneinsichten und beginnen zu verstehen, was uns vorher abwegig erschien.

Die Kunst der Moderation

3

Im vorigen Abschnitt haben wir uns mit Grundzügen der Moderation beschäftigt. Wir haben herausgearbeitet, dass das Moderieren Prozessgestaltung bedeutet und mit zahlreichen Spannungsfeldern verbunden ist. Eine gelungene Moderation kann als eine Art Aufbruch verstanden werden.

Daran anknüpfend wollen wir uns diesem Abschnitt dem Weg, der mit diesem Aufbruch verbunden ist, noch stärker im Detail widmen und konkretisieren, worauf in der Moderation zu achten ist. Wir verwenden dafür das Bild der Kunst, weil es darum geht, sowohl die eigene Feinfühligkeit als auch einen eigenen Stil zu entwickeln. Es gibt nicht nur eine einzige richtige Art und Weise zu moderieren, wohl aber einige Grundregeln, die dabei zu beachten sind. Deshalb arbeiten wir im Bemühen um Praxisnähe sogenannte „DOs and DON'Ts der Moderation" heraus.

Eine zentrale Aufgabe der Moderation ist es, Gespräche zu führen und diese durch Fragen anzuregen. Deshalb beschäftigen wir uns im Folgenden zunächst mit der Kunst des Fragens und der Gesprächsführung. Abschließend werfen wir einen Blick auf die Aufmerksamkeits- und Analyseebenen, die während der Moderation bedacht werden müssen.

3.1 Dos und Don'ts der Moderation: Die Kunst des Fragens

In der Markt- und Sozialforschung sollte ein guter Moderator oder eine gute Moderatorin einige grundlegende Fragetechniken und nützliche Fragestrategien kennen, die hilfreich sind, um die Teilnehmenden an einer Gruppendiskussion

© Springer Fachmedien Wiesbaden GmbH, ein Teil von Springer Nature 2018
T. Kühn und K.-V. Koschel, *Einführung in die Moderation von Gruppendiskussionen*, essentials, https://doi.org/10.1007/978-3-658-22398-4_3

miteinander ins Gespräch zu bringen. Einige wichtige stellen wir in Stichworten kurz vor:

Verwendung neutraler Fragestellungen
Voreingenommene, wertende Fragestellungen und Kommentare sollten vom Moderator oder von der Moderatorin unbedingt vermieden werden. Das A&O jeder Gruppendiskussion ist eine neutrale Frageformulierung!

Deshalb wichtig

- Offene Fragen gegenüber geschlossenen Fragen vorziehen
- In der Regel keine vorgegebenen Antwortkategorien vorgeben (Nicht: Ist es eher so oder so?)
- Alltagsbegriffe der Befragten aufnehmen und verwenden (Fachbegriffe vermeiden)
- Vermeidung von moralisch aufgeladenen Formulierungen und Begriffen

Themen aufgreifen statt setzen
Wichtige Aspekte eines Themas werden oft erst deutlich, wenn man nachhakt und den Befragten damit die Möglichkeit gibt, ihre Äußerungen zu vertiefen. Dadurch zeigt man gleichzeitig Aufmerksamkeit und Interesse. Die Teilnehmenden an einer Diskussionsrunde merken, dass ihre Beiträge ernst genommen werden. Wichtig ist dafür die Grundregel, an von den Befragten eingebrachten Themensträngen und Antworten anzuknüpfen und nicht zu schnell zwischen den Themen hin- und her zu springen bzw. eigene Thesen und Themen einzubringen.

Deshalb wichtig

- „Aktives Zuhören" und erzählgenerierendes Nachfragen: Kurz widerspiegeln, was man bereits verstanden hat und vertiefend nachfragen, indem darum gebeten wird, Alltagssituationen und Übergänge noch mehr im Detail zu beschreiben (z. B. Wo war es? Wer war noch dabei? Wie ging es weiter?).
- Nachhaken und genannte Themen aufgreifen, die im Forschungskontext von Bedeutung sind – so lenkt man auf eine „natürliche" Weise und zeigt der Gruppe die Wichtigkeit der Anregungen der Teilnehmenden auf.

Immer wieder zurück zum Konkreten und Erlebten
Manche Menschen neigen dazu, sehr schnell zu verallgemeinern und zu theorisieren. Dies kann dann in der Gruppe dazu führen, dass der rote Faden verloren geht und die Diskussion sich immer mehr vom eigentlichen Thema entfernt. Außerdem kann es zu einer Tendenz im Antwortverhalten zum Rationalen und sozial Gewünschten kommen. Denn je mehr Teilnehmende abstrakt über bestimmte Gewohnheiten reflektieren, desto mehr wird die Schilderung von eigenen Erlebnissen überlagert von Einschätzungen, wie es eigentlich sein „soll". Verhaltensweisen werden also rationalisiert und moralisch gesäubert dargestellt. Deshalb ist es wichtig, die Diskussion immer wieder zurück auf tatsächliches Handeln, reale Erlebnisse und konkrete Empfindungen der Befragten zu lenken und abstrakte Fragestellungen möglichst zu vermeiden.

Deshalb wichtig
- Fragen sollten möglichst konkret sein
- Nah an der Alltagssprache des Befragten, allgemein verständliche Begriffe verwenden
- Schilderungen von Ereignissen und Gefühlen sollten angeregt werden, Fragen erzählgenerierend wirken
- Vergegenwärtigung konkreter Erlebnisse und konkreten Verhaltens ist wünschenswert

Redepausen, Unlogisches, Falsches und Widersprüchliches aushalten
Als Moderator oder Moderatorin müssen wir uns immer wieder bewusst machen, dass die Befragten keine fertig abgepackten Boxen sind, in denen Informationen und Ansichten vollständig aufbereitet zum Abruf bereitstehen, sondern dass der Diskussionsverlauf Überlegungs- und Reflexionsprozesse bei Menschen in Gang setzt. Die Teilnehmenden brauchen also Zeit, ihre Ansichten auf den Punkt zu bringen. Gerade in Sprechpausen geht der Denkprozess oft weiter. Deshalb ist es förderlich, auch mal eine Ruhepause „auszuhalten" und im Diskussionsverlauf wichtige Fragestellungen mehrmals aufzugreifen. Ein Vorteil qualitativer Forschung ist es gerade, Denk- und Entscheidungsprozesse nachzeichnen zu können. Diese sind oft durch Zweifel, Ambivalenzen und Widersprüche gekennzeichnet. Sie kennenzulernen ist wichtig für die Analyse. Der Moderator oder die Moderatorin sollte deshalb in der Regel Beiträge von Teilnehmenden nicht korrigieren, auch wenn diese höchst unzutreffend und schwer nachvollziehbar erscheinen. Wichtig ist hier die Grundregel, dass es keine richtigen oder falschen Antworten gibt. Eine Gruppendiskussion ist keine Prüfung!

Deshalb wichtig

- Nicht korrigieren, sondern detailliert nachfragen, unabhängig, ob Ansichten auf „falschen" Vorannahmen beruhen. Eine Ausnahme kann dann gemacht werden, wenn ein sachlich nicht angemessener Beitrag dazu führen könnte, dass eine Diskussion „kippt" und sich immer weiter vom Thema entfernt, das im Zentrum der Forschung steht.
- Gruppenmitgliedern ausreichend Zeit geben, ihre Gedanken zu entwickeln.
- Wenn man merkt, dass Gedanken im Fluss sind, bei einem wichtigen Thema ruhig mehrmals eine Frage in ähnlicher Formulierung wiederholt stellen, um das Thema aus einer neuen Perspektive zu beleuchten, neue Aspekte ans Licht zu bringen und eventuell Verborgenes und Widersprüchliches aufzudecken.

Ein Beispiel: Den Sinn eines solchen prozessorientierten Vorgehens kann man gut mit einer Reise beschreiben. Nehmen wir an, wir fahren mit der Bahn zum ersten Mal nach Köln. In unmittelbarer Nähe des Bahnhofs sehen wir den Dom. Begeistert schießen wir gleich einige Fotos. Wir könnten das nun auf unserer Reise To-Do-Checkliste abhaken und uns den nächsten Kölner Sehenswürdigkeiten widmen. Stattdessen nehmen wir uns Zeit und suchen uns Wege, sodass wir aus verschiedenen Perspektiven auf den Kölner Dom schauen können. Dafür gehen wir um ihn herum und bleiben immer wieder stehen. Uns fallen Details auf, die wir beim ersten Mal nicht gesehen haben. Schließlich sind wir nach einer Weile auf verschlungenen Wegen einmal um den Kölner Dom herum gekommen und stehen wieder davor an unserem Ausgangspunkt. Während unserer kleinen Expedition haben wir weitere Fotos geschossen, die ein anderes Bild vom Dom zeichnen als die ersten Schnappschüsse. Nachdem wir nun einmal ganz herumgegangen sind, sehen wir auch von der „alten" Position aus die Kirche anders als vorher, weil wir bestimmten Details gewahr geworden sind, die uns beim ersten Blick nicht aufgefallen sind. Obwohl wir wieder da angekommen sind, wo wir schon mal waren, machen wir neue Aufnahmen vom Dom, die anders sind als die ersten.

So verhält es sich auch in Gruppendiskussionen. Nehmen wir das Beispiel der Bedeutung von Nationalität im Alltag. Danach gefragt antwortet unsere hier imaginierte Gruppe deutscher Staatsbürger sehr reserviert. Eigentlich sei es doch ganz egal, welcher Nationalität man angehöre, Hauptsache, man respektiere einander. Dass man Deutsche oder Deutscher sei, werde einem eigentlich nur dann bewusst, wenn man in den Reisepass gucke. Im weiteren Verlauf der Gruppendiskussion

geht es zunächst um das Erleben der Fußball WM 2006 mit Deutschland als Gast-
geber, dann um den Gewinn der Fußball WM 2014 durch Deutschland. Die Teilnehmenden diskutieren, ob und wie gefeiert wurde und ob man sagen könne, dass
„wir" Weltmeister seien. Im weiteren Verlauf werden Reisen in europäische Nach-
barländer und ins außereuropäische Ausland besprochen. Dabei wird insbesondere
ein geteiltes Unbehagen deutlich, wenn man mit Nazi-Witzen konfrontiert wird.
Auch ein geteiltes Fremdschämen bei Deutschen, die sehr unsensibel auftreten,
wird festgestellt. Schließlich geht es sehr polarisiert und emotional aufgeladen
hin und her, als Deutschlands Position im Umgang mit Asylsuchenden und der
erstmalige Einzug der AfD in den Bundestag diskutiert werden. Als am Ende die
Frage noch einmal gestellt werde, welche Bedeutung die Nationalität eigentlich
im Alltag habe, sind die Antworten wesentlich differenzierter als in der Eingangs-
situation.

*Auf die Begriffswahl achten – Nicht durch vorgegebene Denkraster die Gruppe zu
Rationalisierungen und Abstraktion treiben*
Bei der Formulierung von Fragen sollte man aufpassen, dass man den Teil-
nehmenden an einer Gruppendiskussion keine Vorgaben macht, die dem eigenen
Denksystem entstammen, damit aber die Offenheit der Antworten untergraben.

Besonders groß ist die Gefahr, wenn man sich mit Entscheidungs- und
Abwägungsprozessen beschäftigt. In der Marktforschung sind etwa sogenannte
„Customer Journeys" beliebt, mit denen versucht wird zu verstehen, wie es
dazu kommt, dass sich Kunden für den Kauf eines Angebots entscheiden und
was sie daran hindert. Es ist durchaus sinnvoll, dafür verschiedene Phasen in
der Gruppendiskussion separat zu behandeln, also zum Beispiel zunächst den
Fokus darauf zu lenken, wie man zum ersten Mal auf das Angebot aufmerksam
wurde, und am Ende sich mit dem Gespräch zwischen Verkäufer/in und Kunden
zu beschäftigen. Aber bereits hier muss man aufpassen, nicht vorschnell davon
auszugehen, dass bei jedem Kauf alle Phasen gleichermaßen durchschritten
werden und deshalb in dieser Form diskutiert werden können. Wenn man etwa
fragt, nach welchen Kriterien verschiedene Angebote verglichen wurden und welches Kriterium war am Ende ausschlaggebend war, setzt man implizit voraus,
dass 1) die Kaufentscheidung auf der Grundlage von Kriterien erfolgte, 2) dass
es einen Vergleich von Angeboten gab, 3) dass das Vergleichsergebnis als eine
Evaluation verschiedener Kriterien anzusehen ist und dass 4) die endgültige Entscheidung das Ergebnis einer Abwägung war, bei der mindestens ein Kriterium
den anderen gegenüber als prioritär angesehen wurde. Derartige Annahmen werden aber etwa einem Kauf nicht gerecht, der als sogenannte Bauchentscheidung
recht spontan erfolgte. Um diesen zu verstehen, ist es wichtig herauszufinden,

wie es dazu gekommen ist, dass Begehrlichkeit für ein Angebot entwickelt und Vertrauen zu dem Anbieter aufgebaut wurde, bevor es zum Kauf kam. Dieses Verständnis bekommt man in der Regel nicht, wenn man Teilnehmende an Gruppendiskussionen schon durch die Frageformulierung in Schemen presst, die nicht mit ihrer Alltagspraxis übereinstimmen. Es ist sehr wahrscheinlich, dass die Befragten in der Gruppendiskussion versuchen, ihr eigenes Handeln bestmöglich in dieses Vorgabensystem zu „übersetzen", sodass die fehlende Passung zunächst gar nicht auffallen mag – aber letztendlich produziert man dadurch Artefakte von sehr beschränkter Aussagekraft. Deshalb ist es wichtig, die Befragten dort „abzuholen", wo sie sich befinden. Im Falle eines Kaufes etwa kommt es darauf an, möglichst offen zu erheben, was ihm vorausgegangen ist.

Sich nicht unter Zeitdruck bringen lassen – nicht nur Informationen abfragen, sondern Schilderungen anregen

Im Alltag spüren wir immer wieder die Erwartung, uns kurz und bündig ausdrücken zu müssen. Gesprächspartner haben wenig Zeit, und häufig sind eher Informationen gefragt als ausführliche Erzählungen. Dies macht sich auch in Gruppendiskussionen bemerkbar. Die Aufgabe des Moderators oder der Moderatorin besteht darin, Menschen zum Reden zu bringen und gleichzeitig eine ruhige Atmosphäre zu vermitteln, die es ermöglicht, sich ausführlich und in die Tiefe gehend mit Inhalten auseinander setzen zu können.

Gerade am Anfang von Gruppendiskussionen kann sonst schnell ein Gefühl von Druck entstehen, der an andere Teilnehmende weitergegeben wird. Etwa, wenn ein Teilnehmer oder eine Teilnehmerin auf eine Frage zu einem Themenkomplex, für den man mindestens eine Viertelstunde Diskussionszeit angedacht hat, in höchstens drei Halbsätzen antwortet, dass doch alles ganz klar sei und dazu eigentlich nichts weiter zu sagen sei.

In der Moderation geht es darum, von Anfang an die Diskussion zu entschleunigen. Den Teilnehmenden sollte konsequent vermittelt werden, dass Raum zum Erzählen und Reflektieren da ist. Dafür kann der Moderator oder die Moderatorin sich Ereignisse quasi in Zeitlupe schildern lassen, indem nach Details gefragt wird, z. B. wie etwas eingetreten ist, was dazu geführt hat, was dem voran gegangen ist etc. Sich an der Chronologie von Abläufen zu orientieren und nach Kontexten zu fragen, sind wichtige Hilfsmittel, um Schilderungen anzuregen. Dazu sind Fragen geeignet wie: Wann war es? Wie ist es abgelaufen? Wer war noch dabei? Wie war die Stimmung? Was ging Ihnen durch den Kopf etc.?

Damit nicht nur komprimierte Informationen und abstrahierende Zusammenfassungen gegeben werden, ist es auch wichtig, immer wieder das persönliche Erleben in den Mittelpunkt zu rücken, indem Teilnehmende direkt danach gefragt werden, etwa mit folgenden nachhakenden Fragen: Wie war das für Sie? Wie haben Sie das wahrgenommen? Was hat Ihnen daran eher gefallen? Was hat Ihnen daran eher weniger gefallen? Was haben wohl die Anderen in dieser Situation gedacht? Wie haben Ihre Freunde/Kolleginnen und Kollegen/Familienangehörige das erlebt?

Spezielle Fragetechniken – Nicht nur fragen, sondern hinterfragen
In der Praxis sind die spontanen Antworten der Teilnehmer oft nur der Anfang einer individuellen Geschichte. Die dahinterliegenden Alltagswahrnehmungen und Bedeutungen gilt es in Grundzügen zu explorieren. Welche Erlebnisse, Bedürfnisse oder Konflikte stecken zum Beispiel hinter spontanen Aussagen wie „Ich kann ohne meine Jeans nicht leben", „bei mir gibt's kein Frühstück ohne Wurst"? Während der Moderation sollte man deshalb stets innerlich das Augenscheinliche hinterfragen: „Was steckt dahinter?" „Warum ist das so?", „Wie ist es dazu gekommen?", „Wie steht das Gesagte mit dem Alltag in Verbindung?"

In der Moderationspraxis gibt es verschiedene Fragetechniken, um die spontanen Antworten vertiefend zu hinterfragen – frei nach dem Motto: „Vertiefung ist die Kunst, die gleiche Frage immer wieder zu stellen." Zu den wichtigsten gehören Deskription, Extremisierung, Dehnung und Brechung (Dammer und Szymkowiak 2008, S. 89 ff.).

- **Deskription:** Aussagen und Bewertungen (wie z. B. „schön, angenehm, doof" etc.) weitergehend beschreiben und erläutern lassen, ohne sie zu bewerten. Beispiel: A. „Eigentlich höre ich nur Radio – ich finde Fernsehen doof!" F.: Was bedeutet das Radio denn für Sie? F.: Können sie mir „doof" mal bitte näher erklären!
  Hierbei hilft es auch, Neugier und Offenheit zu zeigen. „F: Ich selber habe ja kein Telekom-Abo. Können Sie mir mal genauer erklären, wie das bei Ihnen abgelaufen ist?".
- **Extremisierung:** „Was wäre, wenn Sie nie wieder eine Jeans anziehen dürften? Was würde Ihnen fehlen?" Bei Extremisierungen stellt der Moderator oder die Moderatorin die Aufgabe in die Gruppe, sich Konsequenzen von fiktiven Extrem-Zuständen überlegen zu lassen: „Was wäre, wenn es nur noch eine Marke im Segment Marmelade auf der Welt geben würde, welche würden Sie wählen." (z. B., wenn Teilnehmer sagen „Ach zwischen Marke A und Marke B, da gibt es keine Unterschiede!").
- **Dehnung** funktioniert wie die berühmte Zeitlupen-Technik im Film. Dabei geht es vor allem um eine step-by-step-Prozessanalyse. In der Diskussion wird der erzählte Handlungsflow in einzelne (physische oder seelische) Sequenzen aufgeteilt, die dann vertiefend exploriert werden. Beispiel: Beschreibung von automatisierten, unbewussten Abläufen wie Zähne putzen, frühstücken etc.: „Erzählen Sie mal bitte Schritt für Schritt: Wie war das genau? Und dann?

Wie haben sie sich da gefühlt?" Oder beim Essen im Schnellimbiss: „Wie haben Sie sich vorher gefühlt? Wie beim Essen? Und danach?" (Wie kam es dazu, dass dort gegessen wurde, was hat es einem gebracht, wie hat man sich gefühlt, wie und wodurch genau hat sich Gefühl verändert?). Es geht um die Nutzung des zustandsabhängigen Erinnerns: Gruppenmitglieder beschreiben dadurch genauer und facettenreicher, was sie zum Zeitpunkt der Wahrnehmung erlebt haben bzw. davon erinnern.

- **Brechungen:** Erklärungen, Zustände (unter)brechen und hinterfragen. Der Moderator oder die Moderatorin übernimmt die Rolle eines Agent Provocateurs, ohne seine neutrale Grundhaltung aufzugeben. muss dennoch neutral bleiben. Insbesondere im fortgeschrittenen Verlauf der Diskussion können konträre Positionen zu in der Gruppe vertretenen Standpunkten vorgebracht werden. Man kann auch auf erlebte, aber kaum reflektierte Spannungen zwischen verschiedenen Positionen hinweisen. Wichtig ist gleichzeitig, damit nicht die Gruppendiskussion zu beenden, sondern am Ende einen „runden" Ausklang zu schaffen, z. B. indem während der Diskussion zutage Gefördertes noch einmal betont und zusammengefasst wird.

3.2   Dos und Don'ts der Moderation: Die Kunst im Umgang mit Dynamik in Gruppen

Nicht nur die Sach-/Informationsebene im Auge haben, sondern auch auf die Beziehungsebene achten

Die Befragten sind nicht nur Informanten, die unabhängig vom Verlauf der Gruppe Sachinformationen geben. Was wie gesagt wird, hängt stattdessen entscheidend vom Klima und der Dynamik in der Gruppe ab. Deshalb ist es ein schwerer Fehler, wenn der Moderator oder die Moderatorin sich während der Gruppendiskussion nur auf den Inhaltsaspekt konzentriert. Wichtig ist es, während der Diskussion um Sachinhalte **Empathie für Gruppenprozesse** zu wahren.

> **Deshalb wichtig**
> - Sich als Moderator/-in in regelmäßigen Abständen während der Diskussionsrunde selbst zum Reflektieren bringen: Wie hat sich die Dynamik in der Gruppe gewandelt? Wer ist besonders aktiv? Wie interagiere ich mit der Gruppe? Was stört mich? Wen würde ich gerne aktiver sehen? Wer oder was könnte den weiteren Diskussionsverlauf stören? Was wünsche ich mir für den weiteren Verlauf?

Klima der Toleranz schaffen und keine Ausgrenzungen zulassen
Gerade in Gruppensituationen erleben manche Menschen eine andere Meinung als eine Kritik an ihrer eigenen Auffassungsgabe, ihrem eigenen Geschmack und damit als persönlichen Angriff, den es zu parieren gilt. Dies kann zu Streit darüber führen, wer Recht hat und wer nicht, während die eigentliche Sache immer mehr in den Hintergrund gerät. Dann kann es zu einer immer angespannteren Situation kommen, weil die Gefahr droht, dass es in der Kommunikation Sieger und Verlierer geben wird. In der Konsequenz ziehen sich die „Verlierer" oft aus dem Geschehen zurück oder übernehmen eine Rolle als Störende/r.

Ein solcher Ablauf sollte im Rahmen einer Gruppendiskussion unbedingt vermieden werden. Deshalb ist es wichtig, von Anfang an auf ein Klima der Toleranz hinzuwirken, in der jede Ansicht zählt und in der eine Minderheitenmeinung wertvoll und nicht der Ausdruck einer „Loser-Gruppe" ist. Wenn jemand aufgrund einer eigenen Meinung von anderen Befragten persönlich kritisiert wird, ist dies sofort zu unterbinden.

Deshalb wichtig
- Deutlich machen, dass jede Meinung zählt – Wiederholt sollte eine Stimmung der Toleranz propagiert werden.
- Bei Gefahr von negativer Stimmungsmache durch Meinungsführer gezielt andere Teilnehmende ansprechen, bevor Stimmung „vergiftet" wird.
- Rechthaberei-Diskussionen diplomatisch unterbinden.
- Emotional abwertende Attacken durch Vertreter der Mehrheitsmeinung unterbinden und auf Meinungsvielfalt als hohes Gut hinweisen.

Menschliches, sympathisches Auftreten statt perfekter Selbstinszenierung
„Nobody's perfect" – auch der Moderator oder die Moderatorin nicht. Natürlich sollte man als Moderierende/r souverän und kompetent wirken. Aber wenn man zu sehr darauf achtet, „perfekt" zu sein und alles druckreif zu formulieren, droht doch die Gefahr, dass man angespannt und distanziert wirkt und in der Gruppe einen Leistungsdruck-Mechanismus in Gang setzt, jedes Wort auf die Goldwaage zu legen und sich selbst möglich perfekt zu präsentieren. Für eine gute Moderation bedarf es deshalb keiner perfekten Selbstinszenierung mit gestochen scharfen Fragen, die wie aus der Pistole geschossen kommen. Wenn man als Moderator oder Moderatorin mal mehrere Anläufe braucht, um eine Frage richtig zu formulieren oder kurz ins Stottern gerät, wirkt dies in er Regel eher menschlich und sympathisch als dass dadurch gleich der Erfolg der Gruppendiskussion infrage gestellt wird.

Generell gilt für eine gute Moderation, dass die innere Stimmigkeit wichtiger ist als der Versuch, fehlerfrei wie ein Roboter Moderationstechniken anzuwenden. Während einer Moderation wird man sich immer wieder entscheiden müssen, welchen Weg man im Weiteren einschlägt. Und immer wieder werden Situationen auftreten, bei denen man im Nachhinein gern eine andere Entscheidung getroffen hätte. Es ist aber wichtig, dass man sich auch dann nicht aus der Bahn werfen lässt, wenn man einen Fehler begangen hat. Perfektion sollte nicht das Leitbild für die Moderation sein, das Bemühen um innere Stimmigkeit zwischen dem eigenen Anspruch und dem eigenen Auftreten dagegen schon.

Deshalb wichtig

- Sich als Moderator/-in wohl zu fühlen und dies auch auszustrahlen, ist wichtiger für die Gruppendynamik als eine Moderation ohne Versprecher, redundante Fragen etc.
- Eine gewisse Lockerheit in der Frageformulierung bei gleichzeitiger konzentrierter und kompetenter Herangehensweise ist wichtig für ein gutes Klima während der Gruppendiskussion. Das darf nicht verwechselt werden mit einem unvorbereiteten oder gleichgültigen Auftreten

Moderator/-in als interessierter Zuhörende/r und nicht als Dozent/-in
In der Moderation sollte man es unbedingt vermeiden, belehrend zu wirken. Der Moderator oder die Moderatorin sollte nicht als „Lehrmeister" auftreten, sondern stattdessen Wissensdurst, Neugierde und Interesse zeigen. Eine Hauptaufgabe besteht darin, den Gruppenmitgliedern zuzuhören. Wenn das Verhalten eines Moderators oder einer Moderatorin seitens der Teilnehmer als eine Form des „Dozierens" wahrgenommen wird, hat dies eine kontraproduktive Wirkung auf die Gruppendynamik.

Deshalb wichtig

- Aufmerksam, aktiv zuhören und dies auch durch Körpersprache (Blickkontakt, Zuwendung im wahrsten Sinne des Wortes, Paraphrasierungen und Rückmeldungen „hmm", „ja") demonstrieren-
- Keine vergleichende Bewertung von Teilnehmerbeiträgen.
- Keine Korrektur von Meinungen und darin geäußerten Annahmen.

Ansprechen und Aktivieren von Einzelnen und der Gruppe als Ganzer
In der Regel sollten Fragen an die gesamte Gruppe gerichtet werden. Es obliegt dann der Gruppe, sich in einer für sie stimmigen Art und Weise zu organisieren. Dadurch überträgt man der Gruppe Verantwortung und gibt den Teilnehmenden nicht die Möglichkeit, sich passiv zurückzulehnen und den Moderator oder die Moderatorin für sie ackern zu lassen.

Es gibt aber Ausnahmen:

- In der **Einstiegs- bzw. Vorstellungsrunde** sollte jeder Teilnehmende zumindest kurz zu Wort kommen. Wichtig: Alle sollen sich nicht dem/der Moderator/-in vorstellen, sondern der gesamten Runde.
- Bei bestimmten **Schlüssel- und Filterfragen** ist es wichtig, dass jede/r etwas sagt. Hier kann man in der Gruppendiskussion darum bitten, „die Runde zu machen", sodass sich jede/r zur Fragestellung äußert.
- Wenn **Redebeiträge oder Fachexpertise in der Gruppe unterschiedlich verteilt** sind, kann es sinnvoll sein, zu bestimmten Fragen einzelne direkt anzusprechen und um einen Beitrag zu bitten – oder diese zu bitten, sich erst einmal zurückzuhalten, bis andere Teilnehmende sich zu Wort gemeldet haben.
- Um **möglichst viele der Teilnehmenden zu aktivieren,** kann es auch nützlich und auflockernd zugleich sein, ein paar Minuten für Kleingruppenarbeit vorzubehalten. Zum Beispiel kann man die Teilnehmenden am Ende der Diskussion bitten, sich zu zweit oder dritt zusammen zu schließen und die für sich wichtigsten Erkenntnisse der Gesprächsrunde zu identifizieren und festzuhalten, ehe jede Kleingruppe dies abschließend vor allen präsentiert.

Wie weiter oben ausgeführt wurde, sind Schilderungen prinzipiell wünschenswert. Dies darf jedoch nicht derart ausarten, dass Einzelne sich so viel Raum nehmen, dass ihre Beiträge immer mehrere Minuten in Anspruch nehmen und den anderen Teilnehmenden die Möglichkeit nehmen, ihre Erfahrungen und Eindrücke zu schildern. Hier gilt es für die Moderation erneut, sich am Leitbild der Balance zu orientieren und einzuschreiten, wenn jemand so viel redet, dass die Anderen unruhig werden.

Das rechte Timing: Nicht mit der Tür ins Haus fallen, aber auch nicht lange um den heißen Brei reden
Generell sollte man in Gruppendiskussionen Themen erst möglichst offen ansprechen, um zu sehen, welche Inhalte und Verknüpfungen durch die Teilnehmerinnen und Teilnehmer eingeführt werden. Mit zunehmendem Diskussionsverlauf kann man nach bestimmten Details nachfragen. Insofern orientiert sich die Moderation am Bild eines Trichters.

Wenn man sich theoretisch mit Dynamik in Gruppen auseinandersetzt, gibt es verschiedene Modelle für den Verlauf (s. z. B. Kühn und Koschel 2018). Diese bieten eine Orientierungshilfe, ersetzen aber nicht das notwendige Bemühen, jede Gruppe in ihrer immer sehr speziellen Eigendynamik zu verstehen.

Trotzdem sollte man sich einiger Gemeinsamkeiten bewusst sein, die in der Regel bei Gruppendiskussionen zu beobachten sind. Insbesondere wenn sich die Teilnehmenden vor der Diskussion noch nicht kannten, brauchen sie eine sogenannte „Aufwärmphase", die auch „Warm-Up" genannt wird. In dieser Phase geht es darum, **Vertrauen aufzubauen und Sprachhemmungen und die Bedeutung imaginierter hierarchischer Unterschiede abzubauen** – zwischen den Teilnehmenden untereinander und zwischen den Teilnehmenden und dem Moderator oder der Moderatorin. Die Teilnehmenden sollten Raum haben, sich auf die Diskussionssituation einzustellen, um sich darin möglichst immer wohler zu fühlen.

Dies kann durch die Moderation gefördert werden, indem Themen angesprochen werden, zu denen möglichst alle etwas sagen können, ohne dass sie Gefahr laufen, bloß gestellt zu werden. Das Warm-Up sollte zu Schlüsselfragen des Projekts hinführen, diese aber auch noch nicht in den Mittelpunkt rücken. Gleichzeitig sollte aber auch keine Zeit verschenkt werden, indem Fragen diskutiert werden, die eigentlich nichts mit dem Projekt zu tun haben, sondern nur dem Aufwärmen der Teilnehmenden dienen. Dies kann kontraproduktiv wirken, wenn auch die Teilnehmenden sich fragen, warum sie eigentlich über Dinge diskutieren sollen, die mit dem Thema nicht verbunden sind.

Besonders sorgfältig sollte man sich im Vorfeld mit dem Warm-Up beschäftigen, wenn ein Thema behandelt wird, bei dem eine Verweigerungshaltung den gesamten produktiven Verlauf infrage stellen könnte. Ein klassisches Beispiel dafür sind Werbewirkungsstudien. Wenn man beispielsweise vier verschiedene Entwürfe für eine Kommunikationskampagne hat, die vergleichend diskutiert werden sollen, ist es wichtig, dass sich Teilnehmenden darauf einlassen. Wenn nun aber zu Beginn der Diskussion von einigen Teilnehmenden die Diskussion dahin gelenkt wird, dass Werbung generell zu verteufeln ist und man sich mit Werbung eigentlich gar nicht auseinandersetzen sollte, droht das Klima der Runde eine produktive Auseinandersetzung unmöglich zu machen. Deshalb sollte man im Warm-Up nicht generell über die Einstellung zu Werbung diskutieren, sondern eine Frage wählen, die eher zum Thema hinführt (z. B. welcher Werbespot besonders gut in Erinnerung geblieben ist).

Mit dem Warm-Up ist auch die Rollenfindung in der Gruppe verbunden. Es folgt in der Regel eine Phase, in der die Gruppe am leistungsfähigsten ist, ehe es zu Tendenzen der Konformität oder der Verfestigung einer vorher bestehenden Polarisierung in mehrere Teilgruppen kommen kann. Um die damit verbundene

Abflachung von Diskussionen zu vermeiden, kann der Moderator oder die Moderatorin eine aktivierende Rolle einnehmen, etwa durch Widerspiegelungen oder die Vorstellung konträrer und z. T. provokativer Positionen.

Am Ende der Gruppendiskussion sollte ein abschließender Teil zu einem runden Ende führen. Hier können wichtige Erkenntnisse noch mal zusammengefasst oder die Teilnehmenden gebeten werden, Empfehlungen z. B. zur Weiterentwicklung von Angeboten zu entwickeln und dem Projektteam mit auf den Weg zu geben.

3.3 Gruppendynamik und der Umgang mit Teilnehmer-Rollen und Störungen

Während einer Gruppendiskussion muss nicht jeder Teilnehmer gleich viel sagen. Manchmal ist es gut, wenn bestimmte Teilnehmer mehr schweigen und andere sehr reflektierte Redner sich mehr zu dem einen oder anderen Thema äußern. Die von selbst entstehende Gruppendynamik ist jedoch nicht belanglos für die Analyse. Deshalb gilt zunächst einmal: die Gruppe laufen lassen. Aber bestimmte Formen der Gruppendynamik sind für den produktiven Output von Gruppendiskussionen kontraproduktiv und bedürfen der **Intervention des Moderators oder der Moderatorin.** Bedrohlich für den produktiven Verlauf einer Gruppendiskussion ist insbesondere ein falscher Umgang des Moderators mit Problemfällen wie Vielrednern, Schweigern, Miesmachern, Clowns, Mitläufern und Meinungsführern:

Notorische Vielredner – wenn man sie zu sehr laufen („sabbeln", monologisieren) lässt, gerät der Zeitplan außer Fugen, andere Teilnehmende reagieren zunehmend genervt, und die Gruppenstimmung wird insgesamt hektischer. Der Moderator oder die Moderatorin verliert gegenüber anderen Teilnehmern an Autorität, weil er/sie sich das Heft aus der Hand nehmen lässt. Daher: charmant Redebeiträge unterbrechen („Danke. Wir haben ihre Sichtweise gehört, was denken die Anderen?"). In Phasen der Reflexion und bei Schweigen den direkten Blickkontakt mit Vielrednern vermeiden, weil dies als Einladung verstanden werden kann, erneut das Wort zu ergreifen. Ruhigere Teilnehmer durch Namensnennung ins Spiel bringen. Letzte Möglichkeit: direkte Ansprache des Problems.

Miesmacher und Meinungsführer drohen den Diskussionsverlauf in eine Richtung zu lenken. Deshalb immer wieder auf das Vorhandensein und die Wichtigkeit unterschiedlicher Meinungen hinweisen. Bei heiklen Fragen kann ein Stimmungsbild vor einer detaillierten Erörterung erhoben werden (etwa durch

Handzeichen). Einzelne Teilnehmer können direkt angesprochen werden, bevor Meinungsführer das Wort ergreifen.

Die Energie von miesmachenden Störern kann man zum Beispiel produktiv nutzen, indem in ein Konfrontationsspiel (Bildung von Pro und Contra Parteien) übergegangen wird.

Schweiger sollten nicht unter Druck gesetzt werden zu reden. Aber bei wenig heiklen Fragen kann man durch Blickkontakt und Direktansprache versuchen, Teilnehmende „ins Boot zurückzuholen", weil sonst möglicherweise wichtige thematische Aspekte verloren gehen können. Das Schweigen kann viel bedeuten: von thematischem Desinteresse, über eine persönliche Disposition (z. B. Schüchternheit) bis zum Vorhandensein eines inneren Konfliktes und von Unsicherheit, die für das Thema von hohem Interesse sind.

Um eine positive, kreative Stimmung, entspannte Arbeitsatmosphäre und gute Kommunikation zu fördern, ist es wichtig, sich selbst gleich zum Anfang offen, natürlich, freundlich und als gute/r Gastgeber/in zu präsentieren. Dazu gehören Selbstverständlichkeiten wie ein eine freundliche Begrüßung, das Einhalten des gesetzten zeitlichen Rahmens, das Anbieten von Getränken und Erfrischungen und das Bemühen, alle Teilnehmenden gleich ins erste Gespräch miteinzubeziehen.

Dennoch gibt es immer wieder schwierige Situationen, z. B. wenn keine/r etwas sagt oder alle gleichzeitig reden, die Konzentration der Gruppe nachlässt, Fragen falsch verstanden werden, Zeitdruck entsteht etc. Auf Störende/Störungen kann der Moderator oder die Moderatorin mit Körpersprache reagieren: z. B. Augenkontakt suchen bzw. vermeiden, aufstehen, selbst dynamischer erscheinen durch aufstehen und Nutzung von Medien wie Flipchart etc. Es gilt, Bewegung in die Gruppe bringen, z. B. durch Übungen, Rollenspiele, Kleingruppenarbeit. Wenn alles nicht mehr hilft, ist es ratsam, einen Hinweis auf Verstoß gegen Spielregeln zu geben, aber „mit einem Lächeln".

Oberstes Gebot ist jedoch immer: Stets ruhig und freundlich bleiben, sich für die Beiträge einzelner Teilnehmer bedanken und sie stets persönlich mit Namen anreden.

3.4   Aufmerksamkeits- und Analyseebenen während der Moderation

Dem/der geübten Moderator/-in gelingt es nicht nur, das explizit Gesagte schnell zu verarbeiten und in die Diskussion zurückzuspielen, sondern er/sie kann auch auf weitere Aussageebenen achten und diese gleichzeitig mental verarbeiten.

Es lassen sich sieben Ebenen unterscheiden, die in der Praxis miteinander verwoben sind:

Analyseebenen während der Moderation
(1)   Expliziter Text
(2)   Impliziter Text
(3)   Nicht-Gesagtes
(4)   Inhaltliche Widersprüche
(5)   Non-verbales Verhalten
(6)   Äußerlichkeiten der Teilnehmer
(7)   Szenische Informationen

Expliziter Text (1): Es liegt auf der Hand, dass zuerst das explizit Gesagte, die geäußerte Meinung, die vorgetragenen Geschichten und Erlebnisberichte Beachtung finden. Diese werden wörtlich in Protokollen und Transskripten dokumentiert. Wichtige Stichworte sollte sich ein/e aufmerksamer Moderator/-in aber merken z. B. durch Notizen, um sie später in der Diskussion wieder aufgreifen zu können.

Impliziter Text (2): Eng mit dem expliziten Text verbunden ist der implizite Text, der Subtext, die Bedeutung des Gesagten/der Geschichten. Was bedeutet es zum Beispiel, wenn ein/e Teilnehmende/r sagt: „Ich brauche einen Kredit" oder „ich mache eine Diät?". Ein guter Moderator oder eine gute Moderatorin entwickelt Sensibilität für Konflikte, Wünsche, Motivationen etc., die den Antworten zugrunde liegen und integriert diese Erkenntnisse in die folgenden Fragen und die spätere Analyse.

Nicht-Gesagtes (3): Auch alles was nicht gesagt wird (Auslassungen, Abschweifungen, Vermeidungen) – obwohl man es beim Thema hätte erwarten können – kann interessant sein und eine Geschichte erzählen. „Besaufen" beim jugendlichen Bier-Konsum, „Altersangst" bei cholesterinsenkenden Margarinen, „Stolz" beim Autokauf.

Inhaltliche Widersprüche (4): Widersprüche im Laufe einer Diskussion bedeuten selten Unehrlichkeit, sondern können auf ein inneres Konfliktfeld etc. verweisen „Ich ernähre mich eigentlich sehr gesund – aber manchmal muss es schnell gehen. (Fast Food)".

Non-verbales Verhalten (5): Gesten, Mimik und Stimmung erlauben Rückschlüsse über emotionale Begleitzustände – in der Gruppe oder bzgl. des Themas. Insbesondere die spontane non-verbale Reaktion bei der Beurteilung von Stimulusmaterial (z. B. Werbeideen, Produktkonzepte) ist aufschlussreich und „widerspricht" sogar gelegentlich den verbal geäußerten Meinungen.

Äußerlichkeiten der Teilnehmer (6): Auch Äußerlichkeiten und das Outfit der Teilnehmer, die Frisuren, Makeup(menge), Bräunungsgrad etc. kommunizieren relevante Inhalte und Lebensstile. Was sagt das zum Beispiel aus, wenn ein 120 kg-Mann die Wichtigkeit gesunder Ernährung propagiert?

Szenische Informationen (7): Atmosphärisches und Stimmungsverläufe während der Gruppendiskussion haben ebenfalls häufig mit dem Thema zu tun: Warum ist man bei bestimmten Themen euphorisch bei der Sache und bei anderen wird geschwiegen? Sind die Inhalte einfach nur anregend/langweilig oder möchte man bewusst über bestimmte Themen einfach nicht sprechen?

Tipps für die Moderations-Praxis

4

Abschließend fassen wir die in den vorigen Abschnitten aufgeführten Punkte als Praxis-Tipps zusammen. Zuerst widmen wir uns dafür Anforderungen an einen Moderator oder eine Moderatorin bedeuten würde und erörtern, wann man eine Moderation als gelungen bezeichnen kann. Wichtig ist dafür die Kenntnis häufig auftretender Probleme während der Moderation und die Erarbeitung darauf bezogener Strategien. Zum Schluss geben wir noch ein paar Tipps für die erste Moderation.

4.1 Was eine gelungene Moderation ausmacht

Wir haben hervorgehoben, dass Moderation eine Kunst ist, gleichermaßen gilt aber auch, dass Moderation ein solides Handwerk ist, dass jedem oder jeder mit etwas Gespür für Kommunikation offensteht.

Wenn man alle unsere Ausführungen zur Moderation in den vorhergegangenen Kapiteln zusammennimmt, dann könnten einige konkrete Anforderungen an den Moderator/-in abgeleitet werden. Diese sind in Stichworten:

Anforderungen an einen Moderator/eine Moderatorin
- Gibt allen die Möglichkeit, den eigenen Standpunkt zu erörtern
- Agiert prozessorientiert und übernimmt Verantwortung (z. B. Bewusstsein für Gruppendynamik, Teilnehmendenrollen etc.)
- Fördert eine positive, akzeptierende, kreative Stimmung unter den Teilnehmenden
- Vermeidet es zu urteilen; tastet sich an sensible Themen vorsichtig heran

© Springer Fachmedien Wiesbaden GmbH, ein Teil von Springer Nature 2018   37
T. Kühn und K.-V. Koschel, *Einführung in die Moderation von Gruppendiskussionen*, essentials, https://doi.org/10.1007/978-3-658-22398-4_4

> - Baut auf Gesagtem auf, um weitere Details und Einsichten zu erhalten
> - Ist kein Sklave des Leitfadens

Weiter können 5 allgemeine Erfolgsfaktoren für eine Moderation von Gruppendiskussionen zusammengefasst werden. Hierzu gehört, dass …

> **Erfolgsfaktoren für eine Moderation**
> - Eine produktive und kreativitätsfördernde Dynamik geschaffen wurde
> - Sich Teilnehmende gegenseitig zugehört und respektiert haben
> - Jede/r zur Diskussion ihren/seinen Teil beigetragen hat
> - Ein Klima gefördert wurde, bei dem offen und frei gesprochen werden konnte
> - Alle Themengebiete des Leitfadens abgearbeitet wurden

Gleichzeitig muss der Kontext der Moderation berücksichtigt werden. Es ist wichtig, im Vorfeld die Erwartungshaltung von Kooperationspartnern und ggf. Auftraggebern zu erfassen und die Moderation darauf abzustimmen. Hier kann es z. B. kulturelle Unterschiede geben. In einigen Ländern ist eine eher freie Diskussion eher üblich als in anderen, während in anderen Ländern mehr Wert daraufgelegt wird, dass zu verschiedenen Fragen jede/jeder gehört wird. Als Moderatorin oder Moderator sollte man nicht sein eigenes Wissen unter den Scheffel stellen, sondern bei Erwartungen, die der eigenen Grundhaltung nicht entsprechen, im Vorfeld abklären, ob es sinnvoll ist, unter den gegebenen Rahmenbedingungen die Moderation durchzuführen. In der Praxis ist es auf jeden Fall hilfreich, mögliche Konflikte zu antizipieren und bereits im Vorfeld zu erläutern, worauf man als Moderatorin oder Moderator im Prozess achten wird.

4.2 Häufige Probleme bei der Moderation

Anknüpfend an den Anforderungen möchten wir die am häufigsten anzutreffenden Probleme bei der Moderation einer Gruppendiskussion in der Praxis aufzeigen. Wenn diese erkannt und berücksichtig werden, dann ist es leichter, diese „groben Schnitzer" in der Moderationspraxis zu vermeiden und auch selbst Gefallen an der Moderation zu entwickeln.

- **Schlechtes Zeitmanagement.** Fehlendes Bewusstsein für die vergangene oder verbleibende Zeit, mit der Folge, dass z. B. Themen verkürzt oder ausgelassen werden müssen.
- **Zwiegespräch statt Diskussion.** Zwiegespräch zwischen Moderator/-in und einzelnen Teilnehmenden statt Diskussion in der Gruppe. Abfragen von Einzelmeinungen. Tipp: Bei unvermeidlichen Zwiegesprächen die Frage folgen lassen: „Und wie sehen das die anderen?"
- **Die Zügel aus der Hand geben,** die Gruppe nicht ausreichend steuern, Einzelne nicht bremsen, Schweiger nicht inkludieren etc.
- **Neutralität vergessen.** „Ja ich denk auch, dass diese Idee wenig Potenzial hat."
- **Suggestive und geschlossene Fragestellungen:** „Finden Sie nicht auch, dass...", „Wir finden das ja alle schlecht, wenn...".
- **Fehlender Mut** zu öffnenden, kreativen und projektiven Techniken oder zum Ansprechen des eigenen Erlebens der Gruppendynamik
- **Sich zu schnell geschlagen geben,** z. B. bei Redepausen oder abstrakt-oberflächlichen Redebeiträgen.
- **Zu strenges, autoritäres Auftreten.** Ist man als Moderatorin oder Moderator selbst unlocker, überstrukturiert oder perfektionistisch, fördert das nicht die Offenheit und Kreativität der Beteiligten!

4.3   Tipps für die erste Moderation

Abschließend wollen wir dem Einsteiger oder der Einsteigerin einige hilfreiche Tipps und Tricks mit auf dem Weg geben, die wir in langjähriger Moderationspraxis von Gruppendiskussionen und Workshops gewonnen haben.

- **Spaß haben.** An erster Stelle sollte der Moderator oder die Moderatorin versuchen „Spaß an der Gruppe und der Diskussion zu haben", denn sich mit Menschen zu versammeln, sich zu unterhalten, Erfahrungen auszutauschen etc. macht viel Spaß. Und Spaß ist ansteckend und motiviert die Gruppe. Um den Spaß nicht zu verlieren ist außerdem wichtig, nicht zu viel von sich als Moderator/-in zu verlangen, aufmerksam bleiben und nicht starr versuchen alles richtig zu machen.
- **Nutzung von „Papier und Bleistift".** Mit Papier und Stift kann man sich am Anfang nicht nur die Namen, Alter, Beruf usw. der Teilnehmer notieren, sondern auch interessante Gedanken und Beobachtungen festhalten, die man im

Laufe der Diskussion wieder aufgreifen könnte. Aber Vorsicht: Ein paar Notizen machen ist ok, aber nicht zu viel mitschreiben.

- **Unbedingte Wertschätzung.** Während der Diskussion ist eine „unbedingte Wertschätzung" (im Sinne Carl Rogers) für alles in der Gruppe Geäußerte wesentlich. Dazu zählen insbesondere der Respekt und die Akzeptanz der Erfahrungen der Teilnehmenden sowie damit verbundener Standpunkte.
- **Mut zur Leitung.** Trotz aller Wertschätzung bedarf ein Moderator oder eine Moderatorin auch Mut zum Leiten und zum Durchsetzen. Strukturierende, disziplinierende Anweisungen an die Spielregeln erinnernde Aufrufe sollten stets freundlich, bestimmt und mit Charme geäußert werden.
- **Zeit im Auge behalten:** Die Zeit aus dem Auge zu verlieren ist einer der häufigsten Problempunkte bei Gruppendiskussionen und führt früher oder später zu Stress bei allen Beteiligten. Notieren sie geplante Zeiten auf dem Leitfaden und vermeiden Sie das Entstehen von Zeitdruck.
- **Visualisierungen** helfen Denken und dienen der Dokumentation: Mindmaps sind einfache Hilfsmittel; Aufschreiben von Stichworten beim Brainstorming am Flipchart, Gewichtung von Teilaspekten (Metaplan), Festhalten von Kernbegriffen etc.

Auf gutes Gelingen!

Thomas Kühn & Kay-Volker Koschel
Berlin/Hamburg, Mai 2018

Was Sie aus diesem *essential* mitnehmen können

- Eine gelungene Moderation ist kein Teufelswerk, wenn bestimmte Grundsätze berücksichtigt werden
- Wie Sie gute Fragen stellen und vermeintlich dumme vermeiden können
- Ein besseres Verständnis von gruppendynamischen Prozessen und einen adäquaten Umgang damit
- Vermeiden von häufigen Fehlern und Problemen bei der Moderation

© Springer Fachmedien Wiesbaden GmbH, ein Teil von Springer Nature 2018
T. Kühn und K.-V. Koschel, *Einführung in die Moderation von Gruppendiskussionen*, essentials, https://doi.org/10.1007/978-3-658-22398-4

Literatur

Dammer, Ingo/Szymkowiak, Frank (2008): Gruppendiskussionen in der Marktforschung. VS Verlag für Sozialwissenschaften, Wiesbaden.

Koschel, Kay-Volker/Kühn, Thomas (2015): Don't kill the focus groups: Gruppendiskussionen als Teil von Mixed Methods-Ansätzen in der Marketingforschung. In: Teichert, Thorsten/Heidel, Bernhard (2015: 112–119): Konsumentenverhalten. Basis für Kommunikation und Markenführung. New business Verlag, Hamburg.

Krueger, Richard A./Casey, Mary Anne (2009): Focus Groups. A Practical Guide for Applied Research. 4th edition. Thousand Oaks, London, New Delhi: Sage.

Kühn, Thomas/Koschel, Kay-Volker (2018). Gruppendiskussionen. Ein Praxishandbuch. 2. Auflage. Wiesbaden: VS Verlag.

Kühn, Thomas/Koschel, Kay-Volker (2013): Die problemzentrierte Gruppendiskussion, in: Planung & Analyse, Zeitschrift für Marktforschung und Marketing 2/2013, 26–29. Frankfurt: Deutscher Fachverlag.

Kuhlmann, Maik/Koschel Kay-Volker (2014): Im Bureau d`esprit. Über die Kunst der Gesprächsführung, in Research & Results. Magazin für Marktforschung, Ausgabe 07/2014, 30–31. Verfügbar über: https://www.research-results.de/fachartikel/2014/ausgabe-7/im-bureau-daesprit.html [zuletzt aufgerufen am: 06.04.2018]

Leithäuser, Thomas/Volmerg, Birgit (1988): Psychoanalyse in der Sozialforschung. Eine Einführung. Opladen: Westdeutscher Verlag

Plattner, Hasso/Meinel, Christoph/Weinberg, Ulrich (2009): Design-Thinking. Innovation lernen – Ideenwelten öffnen. München: mi-Wirtschaftsbuch – FinanzBuch Verlag.

Seifert, Josef W. (2009): Visualisieren. Präsentieren. Moderieren. 26. Auflage. Offenbach: Gabal.

Seitz, Tim (2017): Design Thinking und der neue Geist des Kapitalismus: Soziologische Betrachtungen einer Innovationskultur. Bielefeld: Transcript.

Sperling, Jan B./Stapelfeldt, Ursel/Wasseveld, Jacqueline (2007): Moderation. 2. Auflage. Freiburg: Haufe-Lexware.

Witzel, Andreas (2000): Das problemzentrierte Interview [25 Absätze]. In: Forum Qualitative Sozialforschung, 1 (1), Artikel 22. Verfügbar über: http://qualitative-research.net/indexphp/fqs/article/viewarticle/1132/2519. [zuletzt aufgerufen am: 06.04.2018]

© Springer Fachmedien Wiesbaden GmbH, ein Teil von Springer Nature 2018   43
T. Kühn und K.-V. Koschel, *Einführung in die Moderation von
Gruppendiskussionen*, essentials, https://doi.org/10.1007/978-3-658-22398-4